Liliane Studer (Hrsg.)

Die Frau hinter der Wand

Liliane Studer (Hrsg.)

Die Frau hinter der Wand

Aus dem Nachlaß der
Marlen Haushofer

Claassen

Inhalt

Einleitung

Marlen Haushofer, 1923

Als Marlen Haushofers Roman *Die Wand* 1983 neu aufgelegt wird, ist die Begeisterung insbesondere bei Leserinnen groß. Die einen sind eingenommen von dieser Autorin, die ihrer Zeit weit voraus war, denn »sie erzählt vom Ende der Welt, so als hätte es gar nicht anders kommen können, lange vor den Diskussionen um Nachrüstung und Stationierung von Mittelstreckenraketen«[1]. Andere loben Marlen Haushofers Porträt einer Frau, die ihre Autonomie entdeckt: »Eine Frau, abgeschnitten von all den Bedingungen, unter denen sie zu leben gewohnt ist, beginnt sich selbst zu vertrauen, lernt ihre ungeahnten Fähigkeiten kennen, wird autonom.«[2] In der Folge wächst das Interesse für eine Autorin, die von 1920 bis 1970 gelebt hat, meist in Oberösterreich, die fünf Romane, zwei Novellen, zwei Erzählbände, mehrere Hörspiele und vier Kinderbücher hinterlassen hat und über die ansonsten nicht viel bekannt ist.

Gerüchte über wertvolle Bestände im Nachlaß wurden seit ihrem Tod immer wieder genährt. Es ist die Rede von zwei verschollenen Romanen, der eine erzähle von einem Hausmeisterehepaar, der andere, angeblich der interessantere, handle davon, so Hans Weigel, »daß irgendwo einige Frauen sind und es auf sorgsam ausgeklügelte

Manier schließlich dazu bringen, daß ein Mann von ihnen umgebracht wird, ohne daß sie als Täterinnen belastet sind. Ende des Romans. Der klassische ungesühnte Mord. Vielleicht war ich zu vorsichtig, zu altmodisch: Ich riet ihr, dieses Buch nicht zu publizieren. Und da sie sich auf mich verließ, hat sie das Manuskript keinem Verleger vorgelegt. Ich möchte es wieder lesen, aber ich glaube bis heute, daß ich recht hatte.«[3] Marlen Haushofer, die den Roman in einem Brief an den Literaturkritiker und -förderer Hans Weigel vom 23. Juli [1952] erwähnt, habe den Roman anschließend verbrannt.

Nicht nur Romane soll Marlen Haushofer auf diese Weise zerstört haben, auch Tagebücher und Notizen vernichtete sie, immer darauf bedacht, möglichst alles, was Hinweise auf Privates, Intimes hätte geben können, zu beseitigen. Die wenigen erhalten gebliebenen Aufzeichnungen lassen den Verlust um so schmerzlicher erscheinen. Ein Text wie »Mach dir keine Sorgen« zeigt die Intensität ihrer Notizen oder auch Tagebücher. Doch Marlen Haushofer wollte »niemandem weh tun«, wie sie gesagt haben soll, »denn ich sehe sehr scharf«[4].

So sind denn im Nachlaß Marlen Haushofers kaum große Entdeckungen zu machen – die Romane dürften verschollen bleiben. Der zum jetzigen Zeitpunkt zugängliche Nachlaß enthält Briefe, Originalmanuskripte von Romanen und Erzählungen in mehreren Fassungen, vier Erzählungen mit dem Vermerk »dürfen nicht veröffentlicht werden«, einige Notizen zum Thema Schreiben, ein Tagebuch aus den Jahren 1967/68 und einige wenige Photographien.

Für den vorliegenden Band wurden Texte aus allen Lebensphasen Marlen Haushofers ausgewählt, die ein Bild zeichnen von der Autorin, ihrem Leben, Denken und Schaffen. Den Hauptteil bildet das Tagebuch von 1967/68 mit Notizen über Träume und Aufzeichnungen über zwei Reisen nach Rom und eine Reise nach Florenz. Marlen Haushofer war keine Reisende, erst kurz vor ihrem Tod ließ sie sich von ihrer langjährigen Freundin Angela Mohr-Trenkler dafür begeistern. Unterwegs hielt sie Ausflüge und Besichtigungen minutiös im Tagebuch fest. Auf der zweiten Reise nach Rom im Frühling 1968 wurde sie von ihrem Mann begleitet, es war dies eine der wenigen gemeinsamen Reisen des Ehepaars.

In enger Beziehung zum Tagebuch steht der Text »Mein Geliebter ist aus Stein«. Marlen Haushofer besuchte im Frühling 1968 Ostia antica, die antike Hafenstadt Roms, und war offensichtlich sehr beeindruckt, wie sie in der Notiz vom 31.5. festhält. Genau dort siedelte sie später den Geliebten aus Stein an.

Der Text »Mach dir keine Sorgen« gehört zu den letzten, die Marlen Haushofer kurz vor ihrem Tod noch geschrieben hat. Aus ihm spricht Hoffnungslosigkeit, »alles wird vergebens gewesen sein«, aber auch Hoffnung: »Oder war da manchmal noch etwas anderes?«

Mit dem Abdruck der beiden Geschichten »1. Weihnachtsausflug in die Wirklichkeit« und »Die Wirklichkeit. Eine Weihnachtsgeschichte« ist es gelungen, zwei unveröffentlichte Erzählungen in diesen Band aufzunehmen. Sie verdeutlichen wohl das bekannteste Bild von Marlen Haushofer, nämlich das der schreibenden Hausfrau, die nur vom öden Alltag einer Ehefrau und Mutter – und damit nicht über die Allgemeinheit interessierende Themen – erzählen kann. Die Geschichten zeigen jedoch vor allem, mit welcher Genauigkeit die Autorin die geisttötenden Arbeiten im Haushalt beschreibt: Sie geht den Folgen für die Frau nach und deckt einen Ausweg auf, der letztlich keiner ist. Wie schwierig es ist, einen Schritt aus der Abhängigkeit in die Ungewißheit zu tun, läßt sich in Marlen Haushofers Romanen nachlesen. Dieser Konflikt durchzieht – wie die abgedruckten Briefe bezeugen – Marlen Haushofers gesamtes Leben.

»Im Kloster ist es recht fad«
Die Kindheit in Frauenstein und die Enge im Internat

Maria Helene Frauendorfer, so Marlen Haushofers Taufname, verbrachte die ersten zehn Lebensjahre im Weiler Effertsbach bei Frauenstein in Oberösterreich, einer wahrlich idyllischen Gegend, ländlich, abgeschieden, inmitten von Wiesen, Wäldern und Tieren. Hier wurde sie am 11. April 1920 geboren. Gemeinsam mit ihrem Bruder Rudolf, der vier Jahre nach ihr zur Welt kam, und den Eltern wuchs sie im traditionsreichen Förstershaus auf. Ihrer Phantasie und ihrem Freiheitsdrang waren kaum Grenzen gesetzt. Der Vater, Heinrich Frauendorfer, war Förster im Revier Effertsbach, die Mutter Maria, geborene Leitner, entstammte ebenfalls einer Förstersfamilie, hatte sich jedoch schon früh in den Dienst einer Gräfin begeben und in dieser Stellung auf verschiedenen Reisen nach Italien und Frankreich die weite Welt kennengelernt, was ihr zeitlebens ein Gefühl der Überlegenheit ihrem Mann gegenüber gab. Maria Frauendorfer konnte sich nur schlecht an das Leben einer Förstersgattin gewöhnen. Die Enge in Effertsbach bedrückte sie, was heute – anläßlich eines Besuchs in dieser Gegend – nicht schwer nachvollziehbar ist. Und so war für Maria Frauendorfer rasch klar: Ihre Tochter sollte einmal verwirklichen, was ihr selbst verwehrt geblieben war.

Marlen, ein lebhaftes Kind, voller Phantasie, immer auf Entdeckungsreisen, weckte oftmals den Ärger der Mutter, da sie sich allzuviel mit den Nachbarsbuben abgab und diesen in Sachen Wildheit in nichts nachstand.

Sie liebte es, die Gegend zu erforschen. Ihre Neugier konnte vor allem der Vater befriedigen, den sie sehr liebte. Mit der Mutter gab es mehr Schwierigkeiten, und auf den kleinen Bruder war sie oft eifersüchtig, wie dieser heute bestätigt. In der »Autobiographie meiner Kindheit«[5], dem Roman *Himmel, der nirgendwo endet*, wird sie später schreiben, wie die Wand zwischen Mutter und Tochter wuchs und nach der Geburt des Bruders noch höher wurde. »Ganz weit weg lacht jemand, und eine jubelnde Kinderstimme antwortet. Das sind Mama und Nandi in ihrer runden warmen Welt. Meta lebt in einer kühleren Welt, in einer Welt, die sie jeden Tag neu erschaffen muß.«[6]

Mit zehn Jahren lernte Marlen eine andere Welt kennen. Als intelligentes Mädchen sollte sie ein Gymnasium besuchen, was nur in der Klosterschule der Ursulinen in Linz möglich war. Die Umstellung muß hart für sie gewesen sein. Sie war das strenge, reglementierte Leben hinter Klostermauern ohne Ausflüge in Feld und Wald nicht gewohnt. Bereits das Weckritual morgens um sechs mit dem Spruch »Im Namen Jesu steh ich auf« dürfte ihr Heimweh geweckt haben. Und wenn etwa ihre Mitschülerin und spätere Freundin Angela Trenkler (verheiratete Mohr) nach eigenem Bekunden beim Frühstück alles überwunden und vergessen hatte, konnte sich Marlen nicht mit der Strenge abfinden. Doch sie klagte kaum. Nur im Brief vom 4. November 1937 an die Schulkameradin Gerti Menzl, die damals jedoch nicht mehr im Internat lebte, weist sie auf die Strenge der Klosterschwester hin, ebenso darauf, daß die Briefe zensuriert wurden und sie immer im Haus sein mußten. Erst viele Jahre später konnten die ehemaligen Schulkameradinnen bei der Lektüre von Marlen Haushofers Romanen erahnen, wie sehr das Mädchen in dieser Zeit gelitten hatte.

Auf ihre Schulleistungen hingegen hatte der autoritäre

Internatsstil keine Auswirkungen. Marlen war eine gute, wenn auch krankheitsanfällige Schülerin – mit zwölf Jahren war sie schwer lungenkrank und mußte eine Klasse wiederholen. Den einen Mitschülerinnen blieb sie als kränkliches, stilles, eher trauriges Kind in Erinnerung, das durch herausragende schulische Leistungen auffiel und dessen Aufsätze oft vor der ganzen Klasse vorgelesen wurden. Einige wenige erlebten sie als »hochnasig«. Andere entsinnen sich an gemeinsame Streiche im Internat. Mehrere Schulfreundinnen berichten von Polsterschlachten abends im großen Schlafsaal oder aber vom gemeinsamen Theaterspielen am Sonntag. Je älter sie wurden, desto mehr nutzten sie die Gelegenheiten und nahmen sich die Freiheiten, die ihnen vorenthalten wurden, wie in Marlen Haushofers Brief an ihre Freundin zu lesen ist.

1938 wurde das Internat der Ursulinen von den Nazis geschlossen, und Marlen besuchte noch für ein Jahr die Schule der Kreuzschwestern in Linz, wo sie 1939 maturierte. In dieser Zeit wohnte sie zusammen mit drei weiteren Mädchen bei einer Kostfrau. Hier zog sie sich eher zurück und nahm, insbesondere an Wochenenden, nicht an gemeinsamen Ausflügen teil, die nun endlich möglich geworden waren. »Oft ist sie aus freiem Willen allein geblieben. Da ist sie meist von Samstag mittag bis Montag im Bett geblieben und hat gelesen«, erinnert sich eine Mitbewohnerin.

»Ich habe mich nämlich ernstlich verlobt«
Reichsarbeitsdienst, Studium in Wien, Heirat

Freiwillig meldete sich Marlen Frauendorfer nach der Matura für den Reichsarbeitsdienst RAD in Ostpreußen, was ihre Schulkolleginnen nicht recht verstehen konnten. Vielleicht wollte Marlen nicht nach Hause zurück, vielleicht konnte sie sich zu keinem Studium entschließen. Die harte Arbeit muß für sie eine Herausforderung bedeutet haben, die sie mit sichtlichem Stolz meisterte. Sie schrieb ausführliche Briefe an die Eltern und an die Freundin Elli, in denen sie vom Alltag im RAD erzählt. In dieser Zeit lernte sie einen jungen Deutschen kennen, und wenn sie auch im Brief an die Eltern vom 25. August 1939 abwehrt, »deshalb braucht ihr aber noch lange nicht zu denken daß ich vielleicht verliebt bin oder so«, betont der Bruder, daß »dieser Mann eigentlich ihre große Liebe war«. Sicher hätten die beiden Zukunftspläne gehabt, der Mann habe die Schwester auch mal in Effertsbach besucht, und das habe etwas geheißen in dieser Zeit.

Marlen begann im Herbst 1939 ein Germanistikstudium in Wien, sie wohnte bei Hans Frauendorfer, einem der vier Brüder ihres Vaters, der in Wien Arzt war. Im Spätherbst 1940 wurde sie schwanger, der Vater ihres ersten Sohnes Christian war ein Medizinstudent aus dem Rheinland. Einiges spricht dafür, daß dieser Mann der Freund aus den RAD war,[7] andererseits erzählt der Bruder von einer anderen Geschichte: Das Verhältnis habe gerade eine Nacht gedauert. Alles deutet darauf hin, daß es eine sehr schmerzhafte Erfahrung war. Die Schriftstellerin und Freundin Jeannie Ebner erwähnt, Marlen habe ihr erzählt, daß er ihr mit Gewalt ein Kind gemacht habe, da habe sie gesagt, den heirate ich nicht. Und abtreiben wollte sie auch nicht.

Der Sohn Christian wurde am 30. Juli 1941 in Pöhl (Bayern) geboren. Die Eltern informierte Marlen nicht, nur der Bruder wußte, warum sie in jenem Sommer nach Süddeutschland fuhr. Christian wuchs bis zu seinem vierten Lebensjahr bei der Mutter von Marlens Freundin Trudl Laux (verheiratete Johnson) auf. Die beiden Frauen hatten sich im Reichsarbeitsdienst kennengelernt. Der

Vater von Christian starb kurz nach dessen Geburt an der Front. Die Freundschaft mit Trudl blieb bis zu Marlen Haushofers Tod bestehen. Auch der Sohn pflegte den Kontakt zu seiner Ziehmutter noch viele Jahre bis zu deren Tod.

Ihren späteren Ehemann Manfred Haushofer hatte Marlen bereits im Winter 1940/1941 gekannt. Am 14. August 1941, also nur zwei Wochen nach Christians Geburt, teilte sie den Eltern in einem Brief mit, sie habe sich verlobt und werde bald heiraten. Von Liebe spricht sie nicht, auch nicht von Plänen für eine gemeinsame Zukunft. Marlen versuchte die Zustimmung der Eltern zu erwirken und zählte die Vorteile einer Heirat auf: »Wir könnten ja beide noch warten, aber wir sehen nicht ein warum, wo wir doch zu leben haben. Und wenn wir beide in Wien sind und uns jeden Tag sehen kostet das Kaffeehaus u. Theater u. Kino u.s.w. wo wir uns dann treffen, mehr Geld als wenn wir beisammen wohnen. Außerdem friere ich im Winter immer so schrecklich und geh so ungern abends aus dem Haus.« Marlen schreibt, als müsse sie froh sein, daß überhaupt ein Mann sie heiraten wolle: »Jedenfalls müßte ich mich selbst ohrfeigen, wenn ich noch einmal eine Dummheit machen würde.« Gleichzeitig betont sie, daß es Manfred war, der auf eine Heirat drängte, »er hat es sich so fest in den Kopf gesetzt, daß er sich die Folgen selbst zuschreiben muß«. Marlen Frauendorfer und Manfred Haushofer heirateten am 11. November 1941 auf dem Standesamt Molln in Oberösterreich, die kirchliche Trauung folgte am nächsten Tag in der Kirche Frauenstein.

Manfred Haushofer, geboren am 2. Mai 1917 und in Graz aufgewachsen, studierte Anfang der 40er Jahre, als Marlen Frauendorfer seine Bekanntschaft machte, in Wien als Feldwebel der Luftwaffe Medizin, nachdem er seinen Beruf als Volksschullehrer aufgegeben hatte. Das

Medizinstudium bewahrte ihn vor dem Kriegsdienst. Es gehörte zum Göring-Plan, genügend Ärzte für die Zeit nach dem Endsieg zu haben, und so mußten junge Männer, die zu Medizinern ausgebildet wurden, nicht an die Front. Konkret bedeutete dies für Manfred Haushofer, daß er ständig versetzt wurde und in verschiedenen Städten studieren mußte.

Manfred Haushofer, Anfang der 40er Jahre ein gutaussehender junger Mann, groß gewachsen, schlank, eine stattliche Erscheinung, muß die junge Frau, die immer einen etwas weltfremden Eindruck machte, beeindruckt haben. Er schien welterfahren und lebenstüchtig, ein Mann, auf den sie sich stützen konnte, und er heiratete sie trotz ihres Fehltrittes – der Satz aus dem Brief vom 14. August 1941, »denn so einen guten Mann krieg ich nie wieder«, könnte darauf hinweisen. Daß damit von Anfang an eine Abhängigkeit geschaffen wurde, daß sich Marlen Haushofer stets zu Dankbarkeit verpflichtet fühlte und sich in seiner Schuld sah, war eines der Geheimnisse, die vom Ehepaar Haushofer lebenslang unter dem Deckel der Verschwiegenheit gehalten wurden. So erfuhr der Sohn Christian erst nach dem Tod seiner Mutter, daß Manfred Haushofer nicht sein richtiger Vater war und er ihm nur seinen Namen gegeben, ihn aber nicht adoptiert hatte.

»Zuerst war ich auch recht traurig«
Die frühen Ehejahre

Im Sommer und Herbst 1941 absolvierte Manfred Haushofer ein Praktikum in Prag, wohin Marlen Haushofer nachzog und wo sie ihr Germanistikstudium fortzusetzen versuchte. Doch blieb das Paar nicht lange in dieser Stadt, es folgten ein kurzer Aufenthalt in München und bei den Eltern in Frauenstein, bevor die jungen Eheleute nach Wien zogen. Marlen Haushofer war mit dem zweiten Kind schwanger. Die Freude war klein, und dies wohl nicht nur, weil die Unsicherheiten in den Kriegsjahren groß waren. In einem Brief an die Mutter vom 4. September 1942 schreibt Marlen Haushofer: »Zuerst war ich auch recht traurig, aber wer weiß wozu es so gut ist, jetzt bin ich garnicht mehr grantig u. Manfred ist auch sehr lieb zu mir und vielleicht wird doch auf diese Weise alles recht. Ich fühle mich diesmal viel wohler als vor 2 Jahren u. es geht mir auch viel besser. Jetzt werden wir uns um eine Wohnung bemühen, das ist momentan die ärgste Sorge. Bitte lb. Mama reg Dich nicht auf darüber, ich kann ja auch nichts dafür u. vielleicht wird es recht ein liebes herziges Kind.« Und im Nachsatz folgt: »Viele Küsse von Manfred u. Ihr sollt nicht bös auf ihn sein.« Nun waren die Eltern offensichtlich informiert über den ersten Sohn. Es ist eine offene Frage, ob Marlen Haushofer überhaupt noch ein weiteres Kind hatte haben wollen, denn Freundinnen, die sie gut kannten, berichten, sie habe mehrmals betont, daß Kinder eine Frau doch sehr belasteten, nicht zuletzt auch physisch.

Nach längerem Suchen fand das Paar in Wien eine Wohnung im 18. Bezirk. Manfred Haushofer war in dieser Zeit schwer krank, er litt an einer Herzmuskellähmung und konnte mehrere Monate die Wohnung im dritten Stock nicht verlassen. Die Herzbeschwerden sollten ihn zeitlebens stark beeinträchtigen. Während der Schwangerschaft konnte sich Marlen Haushofer von ihrem Ehemann kaum Unterstützung erhoffen. Hinzu kamen der Krieg und die akute Bedrohung der Bevölkerung in Wien. Marlen Haushofer fuhr noch vor der Geburt zu ihren Eltern nach Frauenstein, um sich und ihr Kind in Sicherheit zu bringen. Der zweite Sohn Manfred kam am 27. März 1943 in Wels in Oberösterreich zur Welt.

Kurze Zeit später begann Manfred Haushofer in Graz die Facharztausbildung, und Marlen Haushofer nahm an der dortigen Universität ihr abgebrochenes Studium im Wintersemester 1943/44 für ein Jahr wieder auf. Der zweite Sohn lebte bei den Großeltern in Frauenstein, wohin Marlen Haushofer noch vor Kriegsende erneut flüchtete und später auch ihr älterer Sohn nachkam. Es muß kurz nach Kriegsende gewesen sein, als Christian von seiner Ziehmutter weggeholt und nach Effertsbach gebracht wurde. Der Bruder Rudolf Frauendorfer erinnert sich, daß Christian ein richtiges Ungeheuer gewesen sei; er sei in Deutschland sehr verwöhnt worden, und da war die Großmutter wohl gerade die richtige Person, hier einiges wieder ins Lot zu bringen.

1946 wohnte das Ehepaar erneut in Graz, noch ohne die beiden Kinder. Nun begann Marlen Haushofer ernsthaft zu schreiben. Mit Kollegen, so äußerte sich der Ehemann Jahre nach ihrem Tod in einem Interview, habe sie die Idee gehabt zu schreiben. Marlen habe sich intensiv in eine Statue hineingelebt und ihre erste Geschichte geschrieben. Die erste Veröffentlichung Marlen Haushofers war aber vermutlich die Erzählung »Die blutigen Tränen« im *Linzer Volksblatt* vom 7. Dezember 1946, die sie im Rahmen eines Preisausschreibens der Zeitung eingereicht hatte. Es folgten Abdrucke von Erzählungen in verschiedenen Zeitungen und Zeitschriften, unter anderem in *Lynkeus. Dichtung Kunst Kritik*, herausgegeben von Hermann Hakel, zu dessen Kreis Marlen Haushofer ebenso gehörte wie zum Zirkel um Hans Weigel. Hermann Hakel war es auch, der im Rahmen des PEN-Clubs die Förderung junger Autorinnen und Autoren betreute und Leseabende organisierte, an denen Marlen Haushofer teilnahm. Doch Hans Weigel sollte ihr langjähriger Förderer, Mentor und Freund werden, mit dem sie eine intensive Beziehung verband, wovon auch der umfangreiche Briefwechsel spricht, von dem leider nur die Briefe Marlen Haushofers zugänglich sind.

Im Jahr 1947 sollten Haushofers erstmals als Familie zusammenleben, sie zogen in die oberösterreichische Stadt Steyr, wo Manfred Haushofer als ärztlicher Leiter des Zahnambulatoriums der oberösterreichischen Gebietskrankenkasse tätig war, bevor er sich eine eigene Ordination einrichtete. Vor allem zu Beginn arbeitete Marlen Haushofer in der Praxis mit, wenn auch nicht regelmäßig. So ließen sich zwar Kosten sparen, doch die Zusammenarbeit auf engem Raum war schwierig und belastend. Der Vater sei ein ungeduldiger Mensch gewesen, so der Sohn Manfred, der sofort aufgefahren sei, wenn etwas nicht geklappt habe. Später sprang Marlen Haushofer wohl nur noch ein, wenn ferien- oder krankheitsbedingte Abwesenheiten der Mitarbeiterinnen ihre Hilfe unbedingt erforderten.

Die ständigen Umzüge sollten, wenn auch nur innerstädtisch, noch bis 1960 andauern, insgesamt waren es in 13 Jahren vier Wohnungswechsel, sie bedeuteten für die Familie – und insbesondere für Marlen Haushofer – eine große Belastung. In dieser Zeit fühlte sie sich in keiner der vier Wohnungen richtig wohl. Einmal war die Wohnung nur über eine »mörderische Stiege« zu erreichen, dann war sie unpraktisch, hatte riesige Räume und Gänge, was Putzen und nochmals Putzen bedeutete, oder aber sie lag an einer stark befahrenen Straße und auch noch über einem Fleischhauer, der selber schlachtete, was Marlen Haushofer jedes konzentrierte Arbeiten unmöglich machte.

»… *daß ich mich eine Zeit lang verkrieche*«
Probleme mit den Söhnen und in der Ehe

Marlen Haushofer veröffentlichte ihr erstes Buch 1952: *Das fünfte Jahr* erschien im Jungbrunnen Verlag Wien in der von Hans Weigel herausgegebenen Reihe »Junge österreichische Autoren«. Kindheit wird hier dargestellt als Widerspruch von Paradies und Trauma, ein Thema, das Marlen Haushofer immer wieder beschäftigen und aus dem später ein großer, ihr liebster Roman *Himmel, der nirgendwo endet* entstehen wird. Die Erzählung wurde 1953 mit dem Förderungspreis des Österreichischen Staatspreises bedacht. Für Marlen Haushofer bedeutete diese Auszeichnung insbesondere auch eine Legitimation ihrer Familie gegenüber. Was bis dahin vom Ehemann als Freizeitbeschäftigung und von den Söhnen als etwas Unbegreifliches, worauf sie eifersüchtig reagierten, betrachtet worden war, erhielt öffentliche Anerkennung. Vielleicht ließe sich mit ihrem Schreiben ja sogar das Familieneinkommen aufbessern, denn über einen zusätzlichen Verdienst war man bei Haushofers immer froh. Der Ehemann ließ sich trotz finanzieller Engpässe nicht vom Kauf eines neuen Autos oder von kostspieligen Reisen abhalten, die Söhne besuchten teure Internate.

So brachte das eigene Einkommen für Marlen Haushofer zwar nicht wirklich ökonomische Unabhängigkeit, aber eine gewisse Entlastung für alle, und Marlen Haushofer hätte sich sonst wohl kaum die nötige Zeit zum Schreiben freimachen können. Denn nicht nur der Ehemann, auch die Söhne waren anspruchsvoll. Zudem hatten sie Probleme in der Schule und lernten schlecht. Christian begann mit 14 Jahren eine Lehre in einem Linzer Kleidergeschäft, er übernachtete nur noch bei den Eltern. Nach dem Militärdienst zog er von zu Hause aus und kehrte nicht mehr nach Steyr zurück. Auf dem zweiten

Bildungsweg holte er später die Matura und ein Studium der Betriebswirtschaft nach. Manfred war in den 50er Jahren in Bad Aussee im Internat. Nach der Matura zog er nach Wien, um Medizin zu studieren, in der elterlichen Wohnung behielt er weiterhin ein Zimmer, wo er aber nicht mehr oft weilte.

Die Familie Haushofer durchlebte in jenen Jahren eine schwierige Zeit. Denn noch bedrohender als die Probleme der Söhne waren die ehelichen Schwierigkeiten. Doch das Ehepaar war bemüht, die Fassade nach außen zu wahren und als ganz normale Familie zu erscheinen. Daß große Eheprobleme bestanden, daß sich das Paar scheiden ließ, daß in diesen Jahren kaum miteinander gesprochen wurde – niemand wußte darüber genau Bescheid. Sohn Manfred erfuhr im Internat von Schulkameraden, seine Eltern seien nun auch geschieden; ein befreundetes Ehepaar, mit dem ein regelmäßiger Kontakt gepflegt wurde, hörte die Neuigkeit zufällig von anderen Bekannten. So ist es auch nicht erstaunlich, daß das genaue Scheidungsjahr lange geheimgehalten wurde. Heute ist bekannt, daß die Ehe am 24. Juni 1950 geschieden wurde, die Wiederheirat war im Februar 1958.[8]

In diesem Ehe-Gefängnis, aus dem es tatsächlich kein Entkommen gab, fühlten sich die Frau und der Mann eingeschlossen. Manfred Haushofer hätte keine andere Frau als Gattin wählen wollen, obwohl das Leben mit ihr unmöglich zu sein schien. Die beiden hatten zum Teil völlig gegensätzliche Interessen. Sie wollte nichts lieber als zu Hause in ihren vier Wänden ungestört an Romanen und Erzählungen arbeiten – sie schrieb erste Fassungen ihrer Texte von Hand mit Bleistift oder Kugelschreiber, schon der Lärm einer Schreibmaschine war ihr zu viel –, er schätzte abenteuerliche Fahrten mit dem Auto oder Flugreisen, Fischen mit Freunden am Fluß. Er legte Wert auf einen sehr gepflegten Haushalt und benötigte wegen seiner verschiedenen Leiden Schonkost, für sie bedeuteten Hausarbeit und Kochen nur Plackerei, überflüssige Arbeit, die sie allein vom Schreiben abhielten. In den Erzählungen »1. Weihnachtsausflug in die Wirklichkeit« und »Die Wirklichkeit« schildert Marlen Haushofer die jährlich wiederkehrenden Vorbereitungsarbeiten für das Weihnachtsfest, wie sie eine Frau erledigen muß. Doch an dem beschriebenen Abend kann Frau Rosner nicht mehr. Was als Krankheit zu erklären ist, könnte auch eine Verweigerung sein, die erste in Frau Rosners Leben, obwohl sie die Sinnlosigkeit der Festvorbereitungen längst begriffen hat.

Wie in vielen ihrer Werke macht Marlen Haushofer in diesen Geschichten deutlich, daß den Frauen eigentlich kein Ausweg mehr bleibt, wenn sie sich erst einmal im Käfig der Kleinfamilie befinden und ihre Rolle als Ehefrau und Mutter eingenommen haben. Und was vielleicht noch viel deprimierender ist: Die Mütter geben den Schrecken an ihre Töchter weiter und führen diese ein in eine Rolle, die sie selber verabscheuen, der sie aber nicht entrinnen können. Frau Rosner gehört zu diesen Müttern. Bevor sie sich ganz ihrer Krankheit hingibt und so zum ersten Mal ruhige Weihnachten erlebt – umsorgt von liebevollem Pflegepersonal –, schreibt sie feinsäuberlich Anweisungen an ihre Tochter auf, damit auch während ihrer Abwesenheit alles reibungslos verläuft. Und die Tochter wird keine Chance haben, aus dem Käfig auszubrechen. Sie wird es darüber hinaus – wie die Mutter – nicht wollen, da die Angst vor der Ungewißheit zu groß ist. Doch auch wenn Marlen Haushofers Protagonistinnen in die alte, vertraute, eigentlich aber unerträgliche Situation zurückkehren, hat sich etwas verändert. Und hier liegt dieser Keim Hoffnung, ohne den Marlen Haushofers Romane und Erzählungen beinahe unerträglich wären.

Ebenso wie Frau Rosners Unpäßlichkeit die Weihnachtstradition nicht stören soll, durfte Marlen Haushofers Schreiben den Familienalltag nicht beeinträchtigen, das wünschten sich auch die Söhne so. Aufmerksam auf das Schaffen ihrer Mutter wurden sie nur, wenn sie eine Auszeichnung erhielt – 1956 bekam sie den Preis des Theodor-Körner-Stiftungsfonds – oder aber damals, als der jüngere Sohn Manfred sie dabei erwischte, wie sie Tagebücher verbrannte. Da hätte er gerne noch etwas retten wollen, woran sie ihn aber gehindert habe.

Auch nach der Scheidung lebten Frau und Herr Haushofer weiterhin im gleichen Haushalt, Herr Haushofer hatte Freundinnen, was allgemein bekannt und der eigentliche Anlaß für die Scheidung war. Marlen Haushofer hätte es nicht ungern gesehen, wenn ihr geschiedener Mann eine neue Ehe eingegangen wäre, so hätte alles wieder seine Ordnung gehabt. Selbst zu handeln hingegen lag ihr fern. Da konnte der Bruder noch so eindringlich auf sie einreden, sie solle doch mit den beiden Söhnen nach Wien kommen und dort ein eigenes Leben aufbauen, da waren alle unterstützenden Worte von Hans Weigel nutzlos – die Entscheidung, sich tatsächlich zu trennen, fällte sie nicht. »Der Gedanke überfiel mich, meine Koffer zu packen und mit Wolfgang zu verreisen. Ich könnte in einer anderen Stadt zwei Zimmer mieten, für mich und die Kinder, und noch einmal von vorne anfangen. Aber ich wußte natürlich, daß es unmöglich war«, läßt Marlen Haushofer die Ich-Erzählerin in »Wir töten Stella«[9], erschienen 1958, sagen.

In Briefen an Hans Weigel gibt es Andeutungen auf die Schwierigkeiten im Privatleben. Am 14. März 1952 teilt sie ihm mit: »Ich schreibe seit einer Woche sehr fleißig und bin ganz glücklich darüber. Da es sich nicht anders machen läßt, schreib ich von 9h abends bis Mitternacht – mit Hilfe von Cola und Kaffee. Halten Sie die Daumen, daß ich ohne neuerliche Depression durchhalten kann. Ich schreib Ihnen das, damit Sie sich eine Zeitlang wenigstens um mich nicht kümmern müssen.« Und am 2. Februar 1953: »Wahrscheinlich werden Sie jetzt längere Zeit nichts mehr von mir zu hören u. sehen bekommen; ich glaube nämlich es ist notwendig, daß ich mich eine Zeit lang verkrieche und über verschiedenes nachdenke. Sollte es zwischen uns den Schatten einer Verstimmung gegeben haben, so vergessen Sie es bitte. (Ich hab es schon vergessen)«.

Aus den Briefen geht hervor, daß Marlen Haushofer in diesen Jahren der Scheidung oft krank war und an Depressionen litt. Es dürfte naheliegend sein, daß sie zunehmend unter der Anspannung der ungeklärten ehelichen, nichtehelichen Beziehung litt und in einen psychischen und physischen Erschöpfungszustand geriet.

Welche Hintergründe und Überlegungen zu dem Entschluß führten, wieder zu heiraten, bleibt im dunkeln. Die einen Freundinnen sprechen von Schuldgefühlen, die Marlen Haushofer nach wie vor ihrem Mann gegenüber hatte, andere wissen sich zu erinnern, sie habe gesagt, nur der Kinder wegen sei sie eine zweite Ehe mit demselben Mann eingegangen. Der Bruder meint, sie habe ihn wohl auch aus Mitleid ein zweites Mal geheiratet; sie habe gesehen, wie hilflos er war, nachdem es mit anderen Frauen nicht gut gegangen sei, und Marlen habe sich verantwortlich gefühlt. Deutlich ist aus seinen Worten noch heute die Enttäuschung zu hören: Seiner Schwester hätte er von Herzen ein besseres Leben gewünscht – und gern mehr von dem Selbstvertrauen wiedergefunden, das sie als kleines Mädchen hatte, das ihr aber bei der Geburt ihres ersten Sohnes abhanden gekommen sei, als sie sich nicht traute, die Mutter zu informieren, die doch gar nichts hätte machen können – ein bißchen schimpfen, das schon, aber nicht mehr. Trotz aller Unterschiede muß

Marlen und Manfred Haushofer jedoch eine tiefe Liebe verbunden haben, davon jedenfalls sind Sohn Christian wie auch Jeannie Ebner überzeugt.

»Es stimmt nicht, daß ich nicht idyllisch sein will« Die produktiven 50er Jahre

Anfang der 50er Jahre beginnt für Marlen Haushofer die langjährige Freundschaft und Arbeitsbeziehung mit Hans Weigel, die bis zu ihrem Tod bestehen bleiben wird. Welche Bedeutung Weigel in ihrem Leben hatte, muß (vorläufig) offen bleiben, da nicht alle Briefe von Marlen Haushofer an den 1991 verstorbenen Hans Weigel zugänglich und seine Briefe an sie nicht mehr vorhanden sind. In zahlreichen Briefen schreibt sie ihm von ihren Schreibprojekten, sie setzt sich mit seiner Kritik an ihren Texten auseinander, wehrt sich, wenn sie ihr ungerechtfertigt erscheint. Im Brief vom 23. Juli [ca. 1952] bezieht sie sich auf den erwähnten verschwundenen Roman, an dem Hans Weigel offenbar die fehlende Entwicklung kritisierte. Es sei ihr darum gegangen aufzuzeigen, »daß sich nichts ändert«. »Ich muß wirklich ein Patzer sein, daß mans nicht merkt.« Unstimmigkeiten zwischen Hans Weigel und ihr scheinen sie zu belasten, und sie sucht nach möglichen Erklärungen. In ihren Neujahrswünschen vom 15. Dezember 1957 klagt sie darüber, daß Hans Weigel »leider wieder einmal sehr einschüchternd« auf sie wirke, und sie fährt fort: »Ich weiß nicht woran es liegt, bilde ich mir ein, daß Du mich manchmal kränken willst, oder bildest Du Dir ein, daß ich ekelhaft bin? Irgendetwas stimmt jedenfalls nicht. Zum Teil kommt es vielleicht daher, daß wir in so verschiedenen Welten leben (äußerlich), aber der wirkliche Grund ist wohl, daß wir beide nicht reden wollen oder können.«

Ein Thema scheint Marlen Haushofer in diesen 50er Jahren zu beschäftigen: Frauen, die in Kleinfamilien leben, einen Ehemann versorgen, Kinder aufziehen. Sie sind die Protagonistinnen der Haushoferschen Romane und Erzählungen, die in dieser Zeit entstehen. Mit erschreckender Genauigkeit analysieren sie ihre Situation, sie erkennen, was sie falsch gemacht haben, und können (wollen?) doch nichts ändern. Für Elisabeth in dem 1955 erschienenen Roman *Eine Handvoll Leben* gab es keinen richtigen Weg, das Leben konnte nur falsch gelebt, eigentlich gar nicht gelebt werden: »Nach einer Weile fing sie an, sich Vernunft zu predigen. Es war alles geschehen und nicht zu ändern, und im Grund wünschte sie es gar nicht geändert. Wie immer sie ihr Leben gelebt hätte, heute würde sie auf diesem Stein sitzen, mit dem Verdacht im Herzen, den falschen Weg gegangen zu sein. Das Leben war einfach zu stark, um bewältigt zu werden.«[10] Auch wenn der Umkehrschluß, daß das Leben sie bewältigte, nicht ausgesprochen ist, liegt er dennoch nahe. In *Die Tapetentür* (1957) wird Annette zusammenfassen: »Kein Arzt hätte ihr eine bessere Diagnose stellen können, als sie selbst es tat. Man konnte einem Kranken nicht helfen, wenn seine Krankheit sein eigentliches Leben war. Sie jedenfalls wollte den Schock der Erkenntnis überwinden und mit ihrer Krankheit weiterleben. Sie wollte nicht geheilt werden zu einer ganz fremden Person, die nichts mehr mit ihr gemein hatte.«[11]

Wohin diese Ausweglosigkeit führen kann, welche zerstörerischen Momente ihr innewohnen, entwickelt Marlen Haushofer in der Novelle »Wir töten Stella«, die 1963 mit dem Arthur Schnitzler-Preis ausgezeichnet wurde. Obwohl Marlen Haushofer in ihrer Analyse keinen Zweifel daran läßt, daß der Mann als berechnendes, denkendes, vernunftmäßig handelndes Wesen Verantwortung trägt für die Zerstörung – »Du hättest ihm [dem

Menschenmann] damals verbieten müssen, nachzudenken«[12], klagt die junge Frau die Große Mutter in der Erzählung »Die Geschichte vom Menschenmann« an –, erkennt sie ebenso genau die Mit-Schuld der Frau. »Es wäre meine Pflicht gewesen, sie zu warnen, ihr gut zuzureden, oder sie wenigstens zu trösten.«[13] Noch Jahre später hat »Wir töten Stella« eine große Wirkung auf ihre Leserinnen und Leser. Nur eine Stimme von vielen ist diejenige des bekannten Schweizer Schriftstellers Otto F. Walter (1928–1994), der in einem Brief an die Herausgeberin dieses Bandes festgehalten hat: »Ich wüßte kein von einer Frau geschriebenes Stück Literatur, das mich in meinem Dasein und Verhalten als Mann fundamentaler in Frage stellte als diese Prosa. Aus ihrer Bedingung, Frau zu sein in patriarchalen Verhältnissen, schafft es Marlen Haushofer ohne kämpferische Rhetorik und wie selbstverständlich, das Eigene und Einzelne ihres Schicksals durch Kunst als Teil der allgemeinen Gesellschaftsmuster sichtbar, nein: erfahrbar zu machen. Ich zähle sie ohne Zögern zu den Künstlerinnen vom Rang Ingeborg Bachmanns, Christa Wolfs.«

»Wahrscheinlich bin ich verrückt oder unbelehrbar«
Der Durchbruch mit dem Roman *Die Wand*

Mit dem Roman *Die Wand*, an dem Marlen Haushofer Anfang der 60er Jahre geschrieben hatte und der 1963 erstmals im Sigbert Mohn-Verlag, Gütersloh, erschien, gelang ihr ein Wurf. Hans Weigel war begeistert. Er verglich *Die Wand* mit Daniel Defoes *Robinson Crusoe*, der *Pest* von Albert Camus und *Segen der Erde* von Knut Hamsun. Marlen Haushofer war enttäuscht, daß sich das Buch nicht besser verkaufte. Denn nach Aussagen von

Zeitgenossinnen und Zeitgenossen war sie sich sehr wohl bewußt, daß sie einen einzigartigen Roman geschrieben hatte, der zudem anders war als die vorangegangenen. Zum ersten Mal zeichnete sie eine aktive, handelnde Frau, die ihre Fähigkeiten entdeckt und entwickelt und sich allein für ihr eigenes Überleben einsetzt. Da ist nichts mehr zu finden von der passiven, duldenden, nichtsnutzigen Frau, die sich unter die Fittiche eines Beschützers stellt – mag der Preis auch noch so hoch sein. Die Frau greift sogar ohne zu zögern zum letzten Mittel, zum Mord, wenn es um die Entscheidung »Ich oder Du« geht. Den Mann, der nach zwei Jahren in der Einsamkeit jenseits der Wand auftaucht, erschießt sie; ein Zusammenleben mit ihm ist unmöglich, sie hat keine Wahl. Sie verläßt sich auf den Menschen, den sie kennt, auf sich. Allein nach einer alten Frau, einer gescheiten, witzigen, sehnt sie sich, »denn das Lachen fehlt mir immer noch sehr«[14]. Es war dieser Roman, der Marlen Haushofer bei der Neuauflage 1983 im deutschsprachigen Raum bekannt machte, nachdem die Autorin von der Frauenbewegung in den 70er Jahren weitgehend unentdeckt blieb. Die Endzeitgeschichte, die so gut in die Diskussionen um den Nato-Doppelbeschluß paßte, löste ein ungeahntes Echo aus. Endlich wurden auch feministische Literaturwissenschaftlerinnen auf die österreichische Autorin aufmerksam. In der Folge wurden die weiteren Romane und Erzählungen Marlen Haushofers ebenfalls neu aufgelegt.

Marlen Haushofer erfuhr zu Lebzeiten keine solche Anerkennung – was sie jedoch nicht vom Schreiben abhalten konnte, da hatte sie keine Wahl mehr. In ihrem Brief an Hans Weigel vom 15. Oktober 1963, in dem sie sich für seine unermüdliche Unterstützung bedankt, hält sie fest: »Ganz ehrlich, eine Zeitlang war ich deprimiert wegen der Wand. (Ich hab noch keine einzige Besprechung) Aber jetzt kümmere ich mich nicht mehr darum

u. schreib das neue Buch; ganz egal ob es in der Versenkung verschwindet oder nicht. Wahrscheinlich bin ich verrückt oder unbelehrbar.«

»In Florenz nur 7 Katzen gesehen«
Das Tagebuch

Am 12. Jänner 1967 beginnt Marlen Haushofer mit Notizen in ein liniertes Tagebuch mit grünem Ledereinband und Leseband. Sie schreibt nicht regelmäßig jeden Tag, manche Seiten bleiben leer, andere Eintragungen erstrecken sich über mehrere Seiten. Bis zum 19. Mai entsprechen die Eintragungen den Erwartungen, die bei der Entdeckung eines Tagebuchs geweckt werden. Marlen Haushofer schreibt berührend von ihren Stimmungen: »äußerst depressiv oder wütend. Vielleicht hormonelle Störungen.« Sie nennt den Stellenwert, den Schreiben für sie hat: »Eigentlich kann ich nur leben, wenn ich schreibe u. da ich derzeit nicht schreibe, fühle ich mich versumpft u. ekelhaft.« Sie macht Notizen zu Projekten: »Kurzgeschichte: Autorin in gefährlicher Lage mit einem jungen Liebhaber.« Und sie erwähnt ihre Lektüre: »Denke an Gilbert Pinfolds Höllenfahrt. Der letzte u. schrecklichste Waugh von allen.«

Der Ton ändert sich abrupt am 20. Mai. »An Rom 15h St.T.« Marlen Haushofer fährt zum ersten Mal nach Rom mit ihren drei Freundinnen Angela Mohr, Trudl Johnson-Laux, Elfi Doleschel. Die Notizen werden zu einem stichwortartigen Reiseführer. Alle vier Frauen haben solche Reisetagebücher geführt, in denen sie täglich festgehalten haben, wo sie hingegangen sind. Es sind die üblichen Orte, die bei einem Rom-Besuch aufgesucht werden, sie folgen oft den in Reiseführern empfohlenen Routen (z.B. DuMont Kunst-Reiseführer Rom). Marlen Haushofer notiert in ihrem Buch nicht nur die kulturellen Unternehmungen, sie berichtet auch detailliert darüber, was sie gegessen, wann sie welche Katzen angetroffen haben und wie diese auf das mitgebrachte Futter reagierten. Sie genießt das warme Wetter, ist begeistert von den antiken Gebäuden und ärgert sich über schlechte Restaurationen.

Genau ein Jahr später – vom 18. bis 31. Mai 1968 – ist Marlen Haushofer erneut in Rom, diesmal mit ihrem Ehemann Manfred. Es scheint, als sei sie die treibende Kraft gewesen, obwohl bei Haushofers gewöhnlich er der Reisefreudige war: »Überhaupt zu anstrengend für ihn. War nicht meine beste Idee ihn nach Rom zu bringen. Hoffentlich gewöhnt er sich noch ans Gehen.«

Die Notizen von der zweiten Romreise haben einen anderen Ton. Marlen Haushofer listet zwar immer noch genau auf, welche Sehenswürdigkeiten sie besuchen, wieder besuchen, neu entdecken. Sie ist einmal mehr fasziniert von den alten Meistern und hält fest, daß ihr bereits einige Werke von Michelangelo nicht mehr gefallen. »Um 1500 herum hört für mich die Kunst auf«, notiert sie am 26. Mai. Auffallend jedoch ist, daß Marlen Haushofer viel und recht ausführlich über die Befindlichkeiten ihres Mannes schreibt: »M. bedient mit Kreuz«, »M. sehr angegriffen, spürt Gewitter voraus«, »Manfred Migräne«, »M. etwas Magenweh«. Auch über eigene körperliche Beschwerden klagt sie öfter als während der ersten Reise. »Ab den Hüften leiden wir sehr«, hält sie am 25. Mai lakonisch fest.

Die dritte Reise, von der sie im Tagebuch berichtet, führte Marlen Haushofer vom 12. bis 18. Oktober 1968 mit Elli (Angela) Mohr nach Florenz. Auch hier absolvieren die beiden Frauen ein umfangreiches Programm: Täglich sind sie Stunden unterwegs, besuchen Kirchen, Grabmäler, Museen. Marlen Haushofer scheint die Reise zu genießen, Klagen über Müdigkeit oder Fußweh fehlen fast gänzlich. Sie schreibt begeisterte und unbeschwerte Postkarten an den Ehemann, mit Bemerkungen zum Wetter und über neugekaufte Schuhe, die das Gehen erleichtern. Florenz sei zwar sehr schön, »aber ganz anders als Rom (wo ich lieber wäre!)«. In Florenz fehlen ihr die Katzen: »Nur 7 Katzen gesehen, eine davon Siam an Leine. Dafür Old Possums Katzenbuch gekauft v. T. S. Eliot.« Und sie freut sich auf die Rückkehr. »In 5 Tagen bin ich schon wieder daheim.«

Es gibt einige wenige Hinweise, wie Marlen Haushofer Erfahrungen, Eindrücke, Erlebnisse in die literarischen Texte einfügt. So erinnern die Eintragungen vom 20. Mai [68]: »Manfred spricht dauernd mit seinen Dias, scheint seine größte Freude zu sein«, vom 21. Mai [68]: »M. wieder besser, spielt mit den Dias« und vom 23.5.[68]: »Liegt im Bett u. spielt mit den Dias« an ihren 1969 veröffentlichten Roman *Die Mansarde*, wo nachzulesen ist, wie Hubert jeden Sonntagmorgen im Bett Bücher über Schlachten liest und danach das Ehepaar üblicherweise dem Arsenal einen Besuch abstattet. In Rom macht die Waffensammlung in der Engelsburg auf Marlen Haushofer »kein[en] sehr große[n] Eindruck«, und die »Feier des Kriegseintritts gegen Ost« am 24.5.[68], die den Besuch des Senatorenpalastes verhinderte, »muß ich nicht sehen, ging zum Friseur. M. lief wieder hin u. photographierte alle möglichen Leute.«

In direktem Zusammenhang mit den Romreisen steht die Notiz »Mein Geliebter ist aus Stein«, datiert vom 6. September 1969. In ihr Tagebuch notiert sie am 30.5.[68]: »Hoffentlich geht morgen noch Ostia Antica. Schön wäre es.« Es gelingt, die alte Hafenstadt zu besuchen, denn am 31.5. hält sie fest: »Vormittags in Ostia Antica. Großer Eindruck, leider M. krank.«

»Im Mai möchte ich wieder nach Rom fahren«
Die Jahre 1967/1968

Die Jahre, aus denen die Notizen im Tagebuch stammen, dem augenscheinlich einige Seiten fehlen – vermutlich von Marlen Haushofer selbst herausgerissen –, waren für sie rein äußerlich ruhiger. Seit 1960 lebte sie mit ihrem Ehemann am Taborweg 19 in Steyr in einer Wohnung, in der sie ungestört arbeiten konnte. Die beiden Söhne wohnten längst nicht mehr zu Hause, die eheliche Beziehung schien stabiler und tragfähiger geworden zu sein, die tödliche Krankheit noch nicht diagnostiziert. Marlen Haushofer schrieb sehr viel in dieser Zeit. Nachdem 1966 der Kindheitsroman *Himmel, der nirgendwo endet* erschienen war, schrieb sie in der Folge zwei Jugendbücher *Müssen Tiere draußen bleiben?* (1967) und *Wohin mit dem Dackel?* (1968). Es folgten der Erzählband *Schreckliche Treue* (1968) und der letzte Roman *Die Mansarde*.

Aus den Tagebuchaufzeichnungen geht jedoch deutlich hervor, daß Marlen Haushofer eine große innere Unruhe verspürt. Sie notiert Träume, die nichts Gutes verheißen. Im ersten Traum vom Freitag, dem 13. Januar, findet sie sich wieder in einem riesigen Gebäude, eingeschlossen, ohne Familie. Ein Entkommen gibt es nicht, »begreife, daß dieser Gebäudekomplex die Welt ist u. man daher nicht auswandern kann«. Im zweiten Traum vom 17. Januar sieht sie einen Delphin, der krebskrank ist. Sie erkennt, daß sie selber der Delphin ist und sterben muß. Nur wenige Tage später, am 24. Januar, hält sie fest: »Bin in schlechter Verfassung. Föhn u. Blutdruck. Soll zum Arzt, weiß daß er nichts tun kann gegen eine Veranlagung. Rasche Abnützung. Tendenz zur Verschwendung wie in jeder anderen Hinsicht. Ebenso die Neigung zu Blutungen u. Durchfällen. Nur alles hergeben, verströmen, nichts behalten. Höchst ungesunde Veranlagung. So kann man eigentlich nicht alt werden.«

Sie leidet unter ständigem Zeitmangel. In einem Brief an Jeannie Ebner vom 15. April 1966 klagt sie, daß sie bestenfalls drei Nachmittage in der Woche zum Schreiben zur Verfügung habe, »und das ist viel zu wenig«. Da ist die Hausarbeit, sie »wird mir auch sauer und hängt mir nachgerade zum Hals heraus, weil sie so idiotisch ist und mich nur Zeit und Kraft kostet«, hält sie in einem Brief an Jeannie Ebner vom 31. Januar 1968 fest. Und die Eltern benötigen zunehmend Aufmerksamkeit. Marlen Haushofer besucht sie mehrmals in der Woche – sie leben ebenfalls in Steyr, nachdem sie 1953 das Forsthaus in Effertsbach verlassen hatten. Der Vater hatte bereits mehrere Schlaganfälle erlitten, die Folge waren zunehmende Verwirrtheit und allgemeine körperliche Schwächen. Marlen Haushofer hatte Mühe mit anzusehen, wie ihr Vater sich veränderte und darunter zu leiden schien. Und die Mutter werde eigensinniger und verkalkter, klagt sie. Auch Manfreds Mutter weilt immer wieder für längere Zeit bei ihnen, was für Marlen Haushofer sehr belastend gewesen sein muß, wie der Brief vom 26. März 1969 an ihre Tante in Wien zeigt. »Hier ist es recht trostlos, besonders weil meine Schwiegermutter noch hier ist und nur unwillig in ihr Untermietzimmer gezogen ist. Bei Tag kommt sie ziemlich viel. Nächste Woche fährt sie nach Graz, dann wird es mit Manfred auch leichter werden.« Die Söhne ergänzen, daß der Vater jeweils gleich nach Ankunft seiner Mutter Migräne bekam und so seine Frau allein mit ihr zurechtkommen mußte. – Manfred Haushofers Vater starb kurz nach der Geburt seines einzigen Sohnes, er war bereits über siebzig, rund 41 Jahre älter als seine Ehefrau, die in der Folge das Kind allein in bescheidenen Verhältnissen aufzog.

»Ich hab fest vor, möglichst viel mit Dir zu lachen«
Der rasche Tod – das langsame Sterben

Im Winter 1968 wurde bei Marlen Haushofer Knochenkrebs festgestellt. Der dunkle Fleck oberhalb der Hüfte, der auch schon auf früheren Röntgenbildern zu sehen war, erwies sich als Sarkom. Es begann eine eineinhalbjährige Leidenszeit, die sie meist in Wien verbrachte, wo sie in einem Privatkrankenhaus lag und schmerzhaften, belastenden Behandlungen ausgesetzt war. Zwischendurch kehrte sie immer wieder für kurze Zeit nach Steyr zurück, wo ihr Mann im Frühling 1969 in eine andere Wohnung umgezogen war – auf ihren Wunsch. Hier hoffte sie, endlich die nötige Ruhe zu finden. Der Wohnungswechsel zu diesem Zeitpunkt erwies sich aber als Belastung. An ihre Tante in Wien schreibt sie am 26. März 1969: »Ich koche u. gehe einkaufen. Die Bedienerin ist von 8-11 da und recht nett. Nachmittags versuche ich Laden umzuräumen u.s.w. (...) Etliche Handwerker sind noch zu behandeln. Die Eßzimmerdecke kommt erst in 3 Wochen, könnte längst da sein, aber Manfred war so entschlußlos. In der Küche noch ein Kastel u. Sesselleisten im Vorzimmer u.s.w. Aber in großen Zügen ist alles so weit.«

Die Mutter kümmert sich rührend um ihre Tochter und berichtet ihr detailreich vom Alltag aus Steyr. Immer wieder wirft sie die Frage auf, warum es so kommen mußte. »Ich studier immer daran, wie Du zu Deiner Krankheit gekommen und bin überzeugt, daß Du Dir das bei Deinem Sturz über die Stiege geholt hast, denn seit damals klagtest Du immer über Rheuma. Vielleicht doch eine Absplitterung.«[15] Sie möchte so gerne helfen, und wenn es nur mit ein wenig Erspartem für die hohen Kosten der Wohnung sein könnte. »Wollte Manfred das

Sparbuch von Dir geben und bei uns liegen noch 10 000, die wir nicht mehr einlegen. Aber er sagte, er braucht es noch nicht«, teilt die Mutter Marlen Haushofer am 10. März 1969 mit.

Es ist unklar, was Marlen Haushofer über ihren Zustand wußte. Die Aussagen von Freundinnen, vom Ehemann und vom Bruder sind widersprüchlich. So erinnert sich die langjährige Freundin Elli Mohr, daß Marlen in Florenz immer wieder über Schmerzen in Bein und Oberschenkel geklagt habe und sich gleich nach der Rückkehr einer umfassenden Untersuchung unterzog. »Die Diagnose war erschütternd. Marlens ruhige, aber tiefschürfende Worte am Telefon höre ich noch: Es ist Knochenkrebs.« Auch der Bruder ist überzeugt, daß Marlen wußte, wie es um sie stand. Andererseits waren der Ehemann und die Söhne sehr darauf bedacht, die Kranke nicht über ihren wahren Zustand zu informieren. So betonte der Ehemann 1986 in einem Gespräch[16], er habe sich immer bemüht, ihr die Diagnose zu verschweigen, die er schon früh gekannt habe, während Jeannie Ebner äußerte, daß Marlen Haushofer sie bei den Besuchen im Krankenhaus immer wieder gebeten habe, nur ja dem Manfred nichts zu sagen. Beide, Marlen und Manfred, bemühten sich, nicht zu sagen, daß sie wußten. Es scheint, daß Marlen Haushofer nur ihrem Bruder und ihren engsten Freundinnen wie Jeannie Ebner und Elli Mohr die Wahrheit sagte, den meisten Menschen gegenüber jedoch die Bedrohung herunterzuspielen versuchte. In zwei Briefen an Erwin Barth von Wehrenalp, den Leiter des Claassen-Verlags, zu dem sie 1967 gewechselt hatte, betont sie, daß sie an einem nicht bösartigen Knochenprozeß leide und daß sie noch glücklich davongekommen sei. Gleichzeitig erwähnt sie die Röntgenbestrahlungen, die sie sehr schwächten.

Einer, der Marlen Haushofer auch bis zu ihrem Tod

besuchte und mit dem sie seit vielen Jahren eine tiefe Freundschaft verband, war Oskar Jan Tauschinski, den sie als Nachlaßverwalter eingesetzt hatte. Es ist auffallend, daß sich im Nachlaß von ihm außer ein paar wenigen Postkarten keine Unterlagen befinden, die diese Beziehung dokumentieren könnten.

Vom Schreiben konnte Marlen Haushofer bis zum Schluß nicht lassen. »Ich denke an einem Roman herum, wenn ich nur ein bißchen Ruh u. Frieden hätte u. Zeit, könnte es etwas werden. Ich muß wirklich nicht bei Trost sein, daß ich es noch immer nicht aufgebe«, schreibt sie am 31. Januar 1968 an Jeannie Ebner. In ihrem letzten Roman *Die Mansarde* knüpft Marlen Haushofer an ihre frühen Romane und Novellen an: Ein letztes Mal schildert sie die Kleinfamilie als Kriegsschauplatz. Die Ich-Erzählerin lebt neben einem Mann, mit dem sie nicht mehr viel verbindet. Das Paar hat zwei Kinder, eines ist vor dem sogenannten »Ereignis«, das alles verändert hat, geboren. Die Frau war für längere Zeit krank und fiel aus ihrer Rolle der verläßlichen Ehefrau und Mutter. Wegen einer psychisch bedingten Taubheit reißt man sie aus der Familie – sie soll erst zurückkommen, wenn bei ihr alles wieder in Ordnung ist. Sie fügt sich dieser Anordnung und funktioniert, wie es von ihr erwartet wird. Wieder zurück, muß sie feststellen, daß sie die Liebe zum Erstgeborenen verloren hat, er gehört zur Zeit vor dem Ereignis. Mit dem Mann arrangiert sie sich. Sie ist bemüht, die Ehe- und Haushaltspflichten vorbildlich zu erfüllen, so daß kein Anlaß zur Klage besteht. Ein trostloses Leben, wäre da nicht die Mansarde, die ihr allein gehört und in der sie als Illustratorin arbeitet. Daß sie nur ein Ziel hat, nämlich einen Vogel zu zeichnen, »der nicht so aussieht, als sei er der einzige Vogel auf der Welt«[17], weiß niemand.

Ist dieser Roman als Lebensfazit zu sehen? Vielleicht.

Vielleicht hat sich Marlen Haushofer tatsächlich immer mehr damit abgefunden, in dieser gespaltenen Wirklichkeit zu leben – hier der Ehealltag, eintönig, entfremdet, routinemäßig, da »die unbürgerlichen Ausschweifungen«[18], das Schreiben. Und vielleicht war die gemeinsame Romreise im Frühling 1968 ihr Versuch, doch noch aus dieser festgefahrenen Situation auszubrechen. Der Versuch kam zu spät.

Die letzte Operation, die sie von den Schmerzen hätte befreien sollen, mißlang. Marlen Haushofer war danach oft verwirrt und hatte ein entstellendes Zucken im Gesicht. Nur noch die nächsten Angehörigen und Freunde durften sie besuchen. Der Bruder ging möglichst jeden Abend nach der Arbeit im Krankenhaus vorbei. Die Geschwister waren sich nie so nahe wie in diesen Wochen und Monaten. Rudolf Frauendorfer war auch bei ihr im Zimmer, als Marlen Haushofer am 21. März 1970 starb. »Mach Dir keine Sorgen«, tröstete Marlen Haushofer in einem kurzen Text, den sie am 26. Februar 1970 geschrieben hatte, »alles wird vergebens gewesen sein – wie bei allen Menschen vor Dir. Eine völlig normale Geschichte.« Trost für die Zurückbleibenden, für die Sterbende? Der resignative Ton ist mit dem einen Satz durchbrochen – »Oder war da manchmal noch etwas anderes?« –, ohne den ein Leben, dieses Leben hätte »vergebens gewesen sein« müssen.

Tagebuch aus den Jahren 1967/1968[1]

Marlen Haushofer, 1969

12. JÄNNER

Wetter milder: äußerst depressiv oder eher wütend. Vielleicht hormonelle Störungen. Blutdruck 190. Es nagt alles mögliche an mir. Längstvergangene Ereignisse sind quicklebendig. Habe überhaupt garnichts vergessen oder verziehen. Wundert mich, da sonst so vergeßlich. Komme sichtlich über garnichts hinweg. Erinnert mich an Onkel S.[2] und die Geschichte mit der Haube d. Gräfin Lamberg[3]. Vergesse dabei ganz, daß ich selber zu verschiedenen Leuten abscheulich war.

Nachmittags schwer gearbeitet im Haushalt, anschließend Post geordnet seit 1958 eine mühsame Sache. Vater irgend etwas mit Blase. Kränkt mich auch dauernd. Weit und breit nichts Erfreuliches.

FREITAG 13. JÄNNER

Traum: Bin in einem riesigen Gebäude. Irgendwelche Kinder u. Mucki in einem Zimmer, ich in einem anderen. Meine Familie nicht dabei. Versuche das Haus zu erforschen, immer Sorge nicht zurückzufinden. Planlos,

Stiegen Aufzug, Korridore, tief unten unerforschte Gebiete. Wir etwa im 10. Stockwerk.

Ein Kardinal schließt sich mir an, will auch die Unterwelt erforschen, stürzt in einen Schacht (Falle); ich sehe wie Henkersknechte ihn peitschen. Ich schreie u. man lacht u. sagt kein Mensch wird wissen was aus dem Kardinal geworden ist. Ich schreie, jawohl wird man es wissen, ich werde es jedem erzählen. Erkenne meine Dummheit u. flüchte in eine Kammer. Jemand verfolgt mich, erkennt mich aber nicht. Ich versuche wieder hinaufzukommen, verirre mich aber dauernd, beschließe das Spital zu suchen (natürlich!) und Hilfe zu holen.

Frage ein Küchenmädchen u. sie schickt mich in den Keller weil sie dort das Spital vermutet. Fahre mit Aufzug tiefer, öffne Tür u. sehe in einem Hof gegenüber riesige Stahlkäfige in die man (Henkersknechte) Menschen hineinpfercht u. dann anzündet. Fürchterliches Gebrüll der Gemarterten. Ich fliehe zurück, treffe unterwegs einen jüngeren (ich selber auch etwa 30) Mann, der gebildet scheint und mir anbietet mich zu beschützen u. eine Art Ehe mit mir einzugehen, deutet an, daß ich sonst in Gefahr bin. Teils sehr müde u. geneigt, mit ihm zu gehen, teils mißtrauisch weil er zwei Goldzähne hat (?) Setzen uns in einen (*) Warteraum, mir fallen die Augen zu, sehe aber noch wie der Mann mich photographieren will u. ziehe ein Tuch vors Gesicht. Halte ihn für einen Spitzel, bin unsicher, beschließe ihm aber kein Wort zu sagen über die Vorgänge im Keller.

Finde das Zimmer mit den Kindern und den erschreckten streunenden Kater sperre ihn u. die Kinder ein u. verbiete ihnen das Zimmer zu verlassen. Höre wie man einer ungarischen Gräfin (jung, grünes Kleid) höhnisch mitteilt, daß ihr Mann soeben gestorben ist. Man sieht ihn friedlich auf seinem Bett liegen. Ich ziehe die verzweifelte Frau in mein Zimmer u. sage ihr sie solle froh sein ihn in Sicherheit zu wissen, da wir doch alle im Keller bei den Henkern enden würden.

Plötzlich mehrere Bekannte um mich. Ich sage, daß ich, sollte ein derartiges Regime herrschen ich auswandern werde, worauf alle mich gutmütig auslachen. Begreife daß dieser Gebäudekomplex die Welt ist u. man daher nicht auswandern kann. Erwache sehr müde.

17. JÄNNER

Traum: Ich sehe einen Delphin, den man aus seinem Bassin nimmt und mit der Begründung, er sei krebskrank auf einen hohen Kasten legt. Der Delphin schlägt um sich. Ich nehme ihn herunter u. er sagt er habe Durst, sein Gesicht, rund u. lachend wie das eines Kindes. Lasse ihn aus dem Wasserschlauch trinken, bemerke, daß er eine volle Frauenbrust hat u. eine ganz kleine, nehme an Brustkrebs.

2. Teil: ich bin der Delphin liege auf einem Operationstisch u. sehe meinen Flossenschwanz. Weiß, daß ich sterben muß. Durch Schwindeln erreiche ich, daß man mir mehrere Morphiuminjektionen gibt. Spüre wie ich einschlafe u. bewußtlos werde, sehr zufrieden darüber. Gleich darauf erwache ich (im Traum) u. eine Schwester sagt, bei Delphinen wirke Morphium oft aufmunternd.

3. Teil: bin wieder ich selber u. gehe in ein Cafe, wo mein Mann sitzt, erzähle ihm meinen Traum u. gleich darauf erwache ich wirklich.

20. JÄNNER
Aper

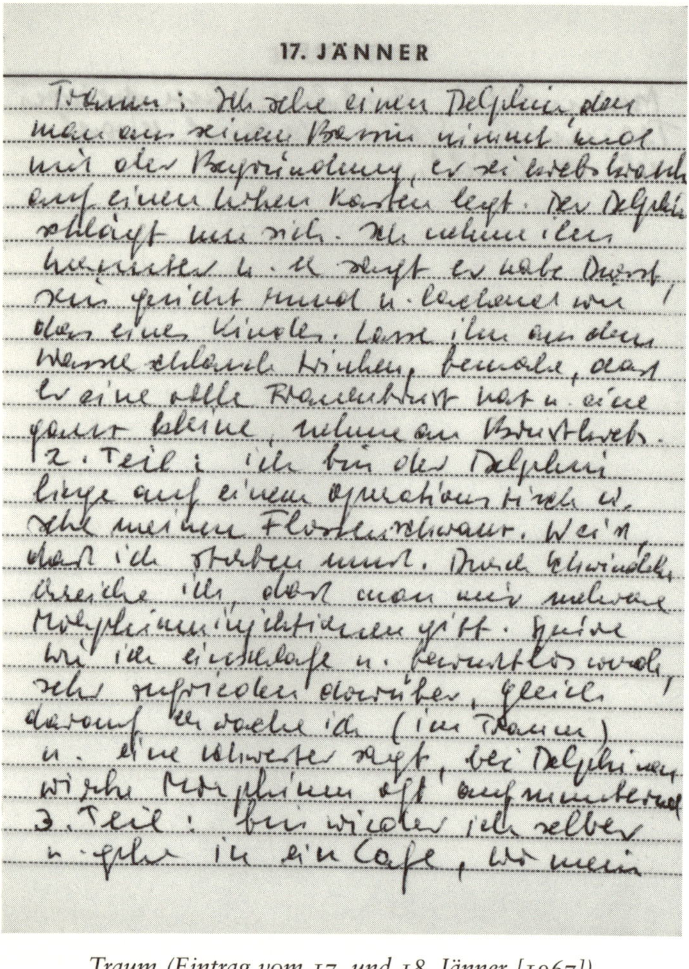
17. JÄNNER

Traum: Ich sehe einen Delphin, den man aus seinem Bassin nimmt und mit der Begründung, er sei unbrauchbar auf einen hohen Kasten legt. Der Delphin schlägt um sich. Ich nehme ihn herunter u. er sagt er habe Durst, sein Gesicht rund u. lächelnd wie das eines Kindes. Lasse ihn aus dem Wasserschlauch trinken, bemerke, daß er eine offene Brandwunde hat u. eine ganz kleine, schöne am Brustkorb.
2. Teil: ich bin der Delphin liege auf einem Operationstisch u. sehe meinen Flossenschwanz. Weiß, daß ich sterben muß. Durch Schwindeln erreiche ich, daß man mir mehrere Morphiuminjektionen gibt. Spüre wie ich einschlafe u. bewußtlos werde, sehr zufrieden darüber, gleich darauf erwache ich (im Traum) u. eine Schwester sagt, bei Delphinen wirke Morphium oft aufmunternd
3. Teil: bin wieder ich selber u. gehe in ein Café, wo mein

Traum (Eintrag vom 17. und 18. Jänner [1967])

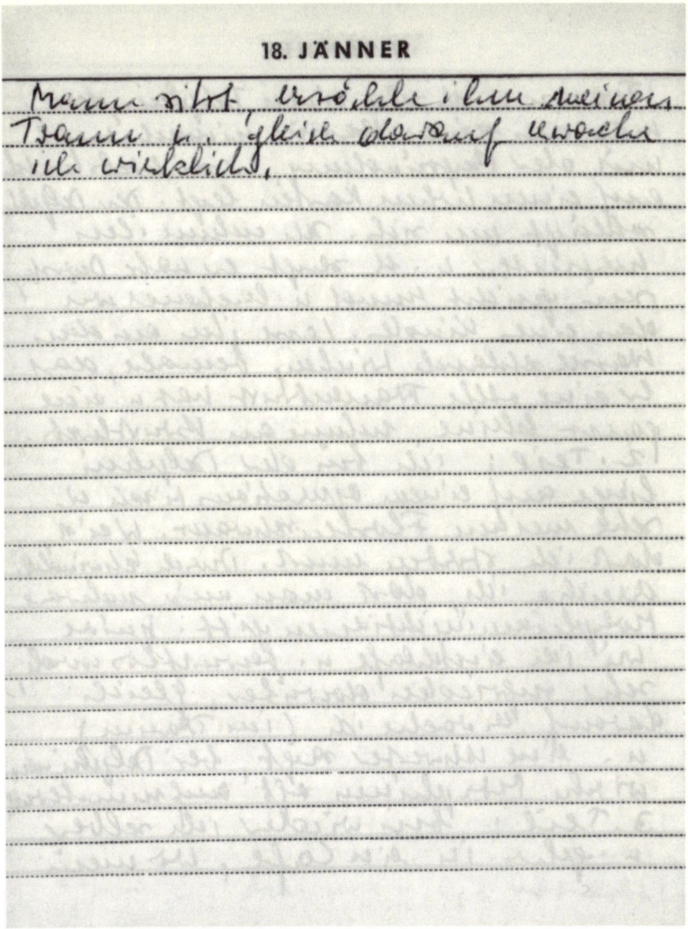
18. JÄNNER

Mama ist tot, erzähle ihr meinen Traum u. gleich darauf erwache ich wirklich.

21. JÄNNER
Aper

22. JÄNNER
Föhn Regen Aper

23. JÄNNER
Föhn Aper

24. JÄNNER

Begräbnis der armen Luise[4]. Möchte heulen können wie ein Schloßhund. Wozu dieses entsetzliche Leiden. Möglichkeit einer Läuterung nicht abzusprechen, nur subjektiv sinnvoll wenn man an ein Weiterleben glaubt. Oder doch sinnvoll, weil erträglicher für den Kranken als Unbeherrschtheit. Wozu das alles.

Bin in schlechter Verfassung. Föhn u. Blutdruck. Soll zum Arzt, weiß daß er nichts tun kann gegen eine Veranlagung. Rasche Abnützung. Tendenz zur Verschwendung wie in jeder anderen Hinsicht. Ebenso die Neigung zu Blutungen u. Durchfällen. Nur alles hergeben, verströmen, nichts behalten. Höchst [äußerst (*)] ungesunde Veranlagung. So kann man eigentlich nicht alt werden.

Nasche zuviel, Nichtrauchen macht mich immer noch zappelig, nach 4 Monaten. Bestimmt fang ich im April wieder an.

26. JÄNNER

Föhn

Denke an Gilbert Pinfolds Höllenfahrt. Der letzte u. schrecklichste Waugh von allen. Ein Buch, daß [sie] ich völlig wirklich finde und bestimmt ein genauer Bericht über einen selbst erlebten Zustand ist. Großer alter Mann Waugh. Und diese Scheiß »Zeit« wagt es einen so blöden Artikel über ihn zu bringen. Und keiner brüllt darauf wie ein Tiger. Man könnte sich erschießen, so verblödet kann die Welt noch nie gewesen sein.

27. JÄNNER

Eigentlich kann ich nur leben, wenn ich schreibe u. da ich derzeit nicht schreibe, fühle ich mich versumpft u. ekelhaft.

Werde Kinderbuch machen, besser als garnichts.

Sehe daß die Erzählungen wahnsinnig depressiv u. hoffnungslos sind, dabei in einer halbwegs guten Zeit geschrieben, in der ich mich »stark« fühlte! Kein Mensch wird das lesen wollen, mit Recht, das böse Ende steht uns doch allen bevor, wozu sich jetzt schon betrüben lassen durch diese Geschichten.

Dabei schreibe ich gern lustige Geschichten, die ich aber als unbefriedigend empfinde, als völlig abgesplitterten Teil einer Wirklichkeit, der aufgeblasen wird u. so Aspekte erreicht, die ihm nicht zustehen.

25. MÄRZ

Internatsgeschichte

Kinderbuch weggeschickt. Abschreiben war mir elend mühsam diesmal. Das Buch selber in 8 Tagen geschrieben.

17. MAI

Krank, irgendeine Blutdruck Krise u. Kreislauf Kollaps. Sofort ist man nur ein Haufen Dreck u. alles was man sonst einmal war zählt nicht mehr. Greuliche Nacht, Angst, Schweißausbrüche u. Übelkeit. Kein Wunder wenn die Leute letzten Endes fromm werden, sie hören auf sie selber zu sein.

18. MAI

Kurzgeschichte: Autorin in gefährlicher Lage mit einem jungen Liebhaber. Erkennt, daß er sie nicht retten wird, höchstens ihren Untergang beschleunigen (Erdbeben?) Bittet ihn in einem einzigen Satz sich nicht zu übel aufzuführen. Der Satz erscheint ihr dermaßen gelungen, daß sie sich nach ihrer Rettung nur an ihn erinnert. Liebhaber u. Katastrophe vergißt u. das üble Ereignis ihr in guter Erinnerung bleibt dieses einen Satzes wegen.

(Unmenschlichkeit des Künstlers)

19. MAI

»The lonely Voice« *Frank O'Connor* sehr interessant.

Gogol – Turgenev – Maupassant – Joyce – Isherwood Anderson – Tschechow – Hemingway – Kipling – K. Mansfield (John Middleton Murry ihr Mann) Lawrence

A. E. Coppard, *Mary Latin*, *George Moore*. The Sisters (of Joyce) natürlich ist Paralyse gemeint. Sonderbar unschuldiger u. trockener Mann.

Angus Wilson: Anglosaxon Attitude. Langatmig aber gut zu lesen, schwierig wegen der vielen Personen. Der Held sympathisch u. man sieht nicht ein warum er von aller Welt verabscheut wird. Irgendetwas Ungutes mußte ihm anhaften, ich sehe aber nichts Schlimmeres als Langeweile, die von ihm ausgeht.

Kingsley Lewis The Egyptologists. Ein großer Spaß, herrlich aber viel oberflächlicher als etwa Waugh, geht nirgends unter die Haut. Kalt, glänzend u. sehr amüsant. Schwer zu lesen für mich.

20. MAI[5]

An Rom 15h St.T. [Stazione Termini] Taxi 1000 Lire zu 4rt Paradiso Lungo Abiavari (San Andrea della Valle)

Corso Hauptpost, Via del Trittone, Ristorante Gallinatro. Nähe Traforo. Fontana di Trevi, Piazza San Ignatio,

21. MAI

Rom: Kapitol, Cola di Rienzi (Savonarola) 14. Jhd.

Kapitolinisches Museum, Senatorenpalast (Rathaus) Konservatorenpalast Konstantinstatue riesig. Kap. Museum (Kolossalsarkophag, Venus, Gallier) Marforio sprechender Flußgott.

Ara Coeli Kirche: Decke beachtlich, Bambino, kl. Helena, antike Statue, Tarpeae Felsen gestürzt wegen Verrat an die Sabiner. Carcer Marmetinischer Kerker, Petrus u. Paulus, Quelle, Kerkermeister, Jugurtha Vertingetorix.

Mittags Trattoria Pollarolo nähe Paradiso. Cannelloni sehr gut. Siesta bis 4 h. Forum Romanum. Curiae, Milliarium aureum Nabel d. Welt. Vulkanae (etruskische Kultstätte, Lapis Niger (Grab d. Romulus, älteste lat.

Inschrift) Nabel der Welt. Tempel d. Saturn (7 Säulen) Bogen d. Septimus Servus, Rostra (Rednerbühne) Tempel d. Kastor u. Pollux (3 Säulen)

Santa Maria Antiqua 7. Jhd. an Stelle d. Bibliothek d. Augustus erbaut Fresken. Haus d. Vesta, Tempel der Vesta. Tempel d. Antoninus u. der Faustina, daneben Tempel des Romulus (Kaiser Sohn des Titus)

Basilika d. Konstantin, Via Sacra, Titusbogen, Farnesische Gärten (sehr schön, Orangenbaum)

Palatin, Belvedere, Aussicht auf Forum Haus d. Livia (Augustus) Daneben alte Zysterne, Tempel d. Kybele, Novum Roma Quadrata, Aussicht auf Caracathathermen u. Zirkus Maximus, Hippodrom Stadion f. militärische Spiele, (gebaut von ?) Kolosseum Blick.

Rückmarsch, Essen im Beisel, (Fortgeschrittener Idiot Trudl) 3 Katzen im Forum gefüttert, sehr gescheit, nehmen Kitekat. Katzen im Katzenplatzl sehr arm u. nervös.

22. MAI *(Datum von Hand korrigiert: 3 von 23 durch 2 ersetzt)*

Piazza Navona: Stadium d. Domitian. 3 Brunnen 4 Flüsse v. Bernini: Donau, Nil, Ganges, Rio de la plata, St. Agnese von Borromini (Konkurrent v. Bernini)

Pantheon: Orgelkonzert, Raffaels Grab, Kuppel, Urban 8. Barberini

St. Maria sopra Minerva, gotische Kirche, blauer Himmel, Christus v. Michelangelo, St. Katharina u. Fra~~n~~ Angelico begraben.

Mittags Katze gespeist

Nachmittag: Porta St. Paolo (Ostiense) Clestiuspyramide

Protest. Friedhof, Keats, ~~Hor~~ Severus, Shelley, Göthes Sohn.

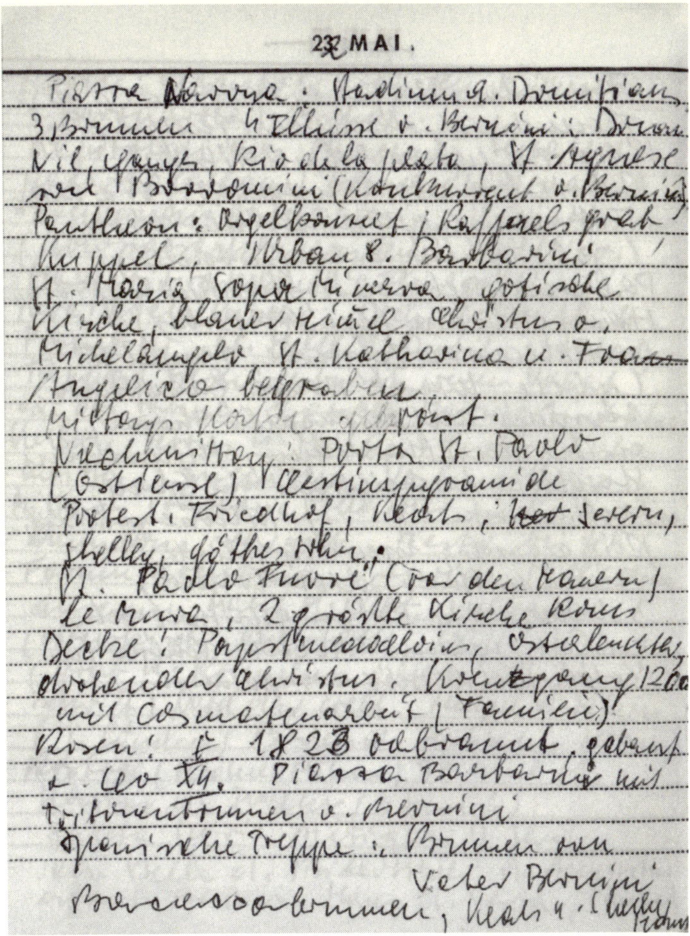

22. MAI.

Piazza Navona: Stadium d. Domitian, 3 Brunnen 4 Flüsse v. Bernini: Donau Nil, ganges, Rio della plata, St. Agnese von Borromini (Kontrapunkt v. Bernini) Pantheon: Orgelkonzert; Raffaels Grab Kuppel, Urban 8. Barberini St. Maria sopra Minerva, gotische Kirche, blauer Himmel Christus v. Michelangelo St. Katharina u. Fra Angelico begraben. Mittags [illegible]. Nachmittag: Porta St. Paolo (Ostiense) Cestiuspyramide Protest. Friedhof, Keats, Severn, Shelley, Goethes Sohn. St. Paolo fuori (vor den Mauern) le mura, 2 größte Kirche Roms Decke! Papstmedaillons, Osterleuchter, drohender Christus. Kreuzgang 1200 mit Cosmatenarbeit (Familie) Rosen! 1823 abgebrannt, geweiht v. Leo XII. Piazza Barberini mit Tritonbrunnen v. Bernini Spanische Treppe: Brunnen von Vater Bernini Barcacciabrunnen, Keats u. Shelley Haus

Eintrag vom 22. Mai [1967]

St. Paolo Fuori (vor den Mauern) le Mura, 2. größte Kirche Roms. Decke! Papstmedaillons, Osterleuchter, drohender Christus. Kreuzgang 1200 mit Cosmatenarbeit (Familie). Rosen! 1823 verbrannt, gebaut v. Leo XII. Piazza Barberini mit Tritonenbrunnen v. Bernini

Spanische Treppe: Brunnen von Vater Bernini

Baracciabrunnen, Keats u. Shelleys Haus

Cafe Greco Via Condotti Künstlerkafe

24. MAI

Vormittags: Schuheinkauf, St. Peter Karten f. Audienz besorgt

Peterskirche: Pieta Jugendwerk

Petrusstatue Fuß

Cathedra Petri v. Bernini (~~Da~~) Dach u. Kuppel, herrliche Aussicht

Grotten: Papstgräber Pius 12. Johannes 23.

Mittags bei Pollorollo ißt man gut

Nachmittag: Katakomben v. S. Sebastian schlechte Führung, Trudl Platzangst, Grabmal d. Caecilia Metella. Fossae Ardeatine Steinbruch (NS Zeit!) Piazza del Populo mit Obelisken

Pizzeria, billigstes Nachtmahl 1300 Lire + 1 L Wein. Campo del Fiori mit Denkmal Giordano Bruno Hinrichtungsstätte d. Ketzer

Palazzo Farnese 2 Brunnen mit Marmor an Caracallathermen.

Elli unterhält mit Schnaken.

25. MAI

Vormittags Audienz. Taxistreik

Galopp. Furchtbares Gedränge in der Kirche, würdelos. 11-1h, Heimfahrt im Bus, Essen bei Pollorollo, ausgezeichnet, Wirt sehr nett, ein charmanter Grautiger.

Geschlafen bis 1/2 5. Nachher Einkaufsbummel mit Trudl. Erholsam. Abends Rollopollo, Walderdbeeren, 11 h Bett.

Hübsche Katze gesehen im Andenkenladen.

25. MAI *(Datum von Hand korrigiert: 6 von 26 durch 5 ersetzt)*

Tivoli (Tibur) 64 – Bahnhof

Villa D'Este für Kardinal Este. 16. Jhd. Wasserspiele, Aussicht auf Campagna. Katzenfamilie Milch. Villa Hadriana. 125-135 n. Ch. erbaut. Stoa Poikile, theatro Maritimo, Saal d. Philosophen, Venustempel (Aussicht) Canopustal mit Serapisheiligtum, Krokodil Museum Nil, Tiber Antinous

warm – kühl bedeckt.

Abends zuviel gegessen bei Pollarolo

26. MAI *(Datum von Hand korrigiert: 7 von 27 durch 6 ersetzt)*

Zum erstenmal herrliches warmes Wetter u. kein Wind.

Vatik. Museum 500 Lire Kirche!!

Aufgang über schöne Wendelstiegen 2 große Sarkophage Konstanzia u. Mutter Helena, Caesarbüste, Augustus, Laokoon, Hermes nach Praxiteles. Antike Sachen mit Dreck bedeckt, Perseus von Canova 1800, Stanze v. Raffael Kapelle Nikolaus V. v. Fra Angelico (sehr schön) Borgia Alexander 6. Gemächer (am schönsten) Fresken v. Pinturiccio um 1494, Verkündigung Sixtina; Aldo

Brandinische Hochzeit, Mosaiken aus der Villa Hadriana, Vat. Bibliothek, sehr schöne Illustrationen, Bernini.

Inferno v. Botticelli, Pinakothek: Giotto, Fra Angeliko, Melozzo da Forlì, ~~Sixtus~~, Teppiche Raffaels, Madonna von Foligno, Hl. Hieronymus v. Lionardo unvollendet, Tizian, Madonna, Caravaggio, Marcello u.s.w.

Nachmittag: San Giovanni in Laterano, ehem. Papstkirche u. Sitz d. Päpste, got. Baldachin, große Apostelstatue Schüler Bernini Kreuzgang leider restauriert, Taufkirche geschlossen.

Hlg Stiege, oben Hauskapelle d. Päpste v. alten Lateran, San Clemente (großer Eindruck)

Erbaut über dem Haus d. Hlg. Clemens III. Papst, Oberkirche Frühchristl. Basilika, Kosmatenarbeiten, am Fußboden, in beiden Kanzeln, schönstes Mosaik v. Rom Kreuz mit Tauben, 12 Lämmer, Unterkirche freigelegt um 1860 von Father (~~Mool~~) Mullsoly, it. Dominikaner, Herrliche Fresken, darunter Mithrasheiligtum u. röm. Haus, sehr gut organisiert u. beleuchtet. St. Sabina Aventin Musterbeispiel f. frühchristl. Basilika. Holzdecke, älteste christl. Plastiktür [älteste holzgeschnitzte Tür der christlichen Kunst].

Kreuzgang 12. Jhd. Führer raving mad. Schlüsselloch. Petersdom. (Maltesern) St. Alexis

Einkaufsbummel durch die Schuhstraße, Elli sehr beschäftigt. Pollarolo, 2 Fernet geschenkt.

27. MAI *(Datum von Hand korrigiert: 30 durchgestrichen, 27 darübergeschrieben)*

Vormittags mit 64 bis Piazza Esedra Kirche St. Maria degli Angeli (Michelangelo in die Thermen gebaut) Thermenmuseum (Thermen des Diokletian (wunderbar) Die ersten Aulen in Restauro; großer Hof mit Grab u. Meilensteinen, in der Mitte Brunnen mit antiker Vase. Kreuzgang v. Michelangelo, ehem. Kloster. Im Museum: Mosaik mit Skelett: Erkenne dich selbst. Ludovisischer Thron 11. Jhd. v. Chr. griech. Original, Postament für eine Aphrodite Geburt, seitlich Flötenspielerin, Saal d. Meisterwerke 2 Diskuswerfer, Apollo v. Anzio

Sarkophag mit Philosophen

Kinderkopf, lachender Satyr, Amazone besiegt irgendeinen, Augustus, Kaiserbüsten, Rekreation in Bar Antika.

Letztes Essen bei Pollarolo

4 Sambucco gespendet

Rührender Abschied.

Siesta bis 1/2 5

Elli u. Trudl Tante Rosa.

Mit Taxi auf Pinzio (Taxi) Herrliche Aussicht, elegantes Cafe, billig. Rückgang über spanische Stiege zu kleinem Beisel (Weißwein) Elli u. Trudl blau: 1300 Lire (*)

Fontana di Trevi: herrliches ~~Bl~~ lila Monster, kleiner Nilsohr aus Bari. Lulu

Piazza Navona, am Pasquino, Zettel geklebt. 11h zu Hause.[6]

Fast marod, Elli noch immer bläulich. Diktat.

28.5.[7]

St. Pietro in Vinceli
Ketten Petri Moses (rundherum schlecht.
Quirinal (Konzert)
Rossebändiger, nach griech. Original: Kastor u. Pollux 5 m. hoch.
San Andrea al Quirinale Meisterwerk Berninis
elliptische Kuppel, Engelköpfchen.
Quattrofontane

St. Praxede (Praxides u. Pudentia, Töchter d. Pudens Märtyrer)
Schöne Mosaiken in Apsis
Zeuskapelle, Mosaiken, Schmuck Mutter
Papst Paschalis I. Theodora 8. Jhd.
St. Pudentiana verschandelt vielleicht älteste Kirche Roms, Haus d. Pudens
Mosaik eigenartig weil nicht starr
Kreuz u. Edelsteinen
St. M. Maggiore: Schneefallkirche
Mosaiken, ärgerlich der spätere Baldachin

18.5.68[8]

Steyr 4°

Ab 10.35 Flug von Hörsching an Frankfurt 11h50. Wetter bedeckt. An Rom 15h, herrliches etwas windiges Wetter, warm. Hotel Pace Helvetia. Spaziergang. Piazza Navona u. Essen bei Pollarollo, wiedererkannt. Seezunge sehr gut, Erdbeeren. Begrüßungsschnäpse. Spaziergang zu Fontana di Trevi, dann verirrt bis zum Trastevere.

Streik kl. (*), Taxi u. Heimfahrt. Waschungen u. Salbungen 1/2 11 h zu Bett. Sehr müde.

Katzenforum, gr. M. in heller Begeisterung. Piazza Navona. Marmorkugeln. Habe durch Benommenheit einen Schirm, Cognac u. Zig. verloren

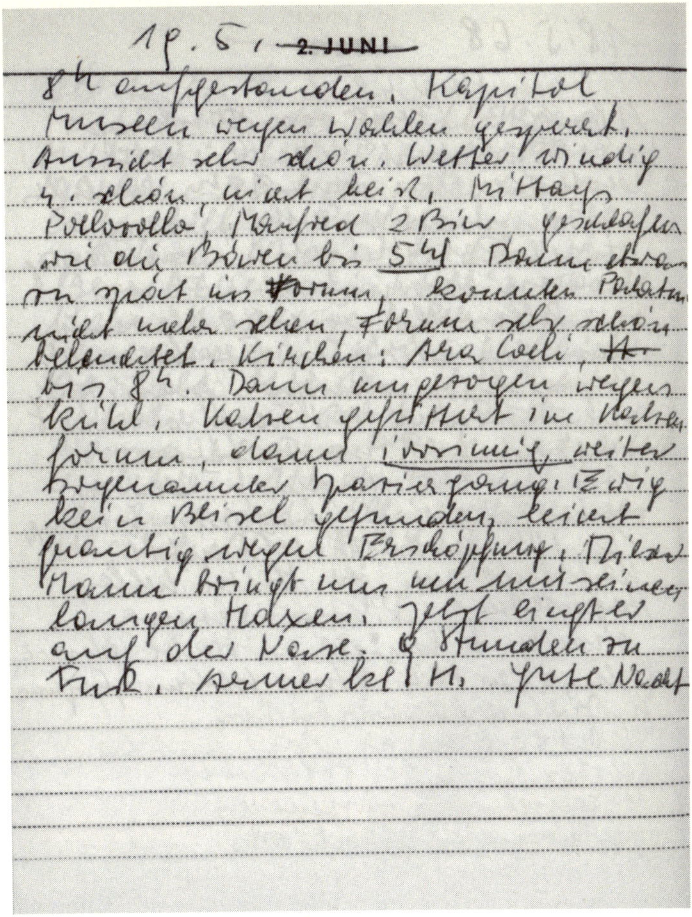

19. 5. ~~2. JUNI~~
8h aufgestanden. Kapitol
Museen wegen Wahlen gesperrt.
Aussicht sehr schön. Wetter windig
u. schön, nicht heiß. Mittags
'Pollarolla', Manfred 2 Bier, geschlafen
wie die Bären bis 5h. Dann stra-
[illegible] ins ~~Forum~~, konnten Palatin
nicht mehr sehen, Forum sehr schön
beleuchtet. Kirchen: Ara Coeli, ~~[illegible]~~
bis 8h. Dann umgezogen wegen
kühl. Katzen gefüttert im Katzen-
forum, dann irrsinnig weiter
sogenannter Spaziergang: Ewig
kein Beisl gefunden, leicht
grantig wegen Erschöpfung. Milch-
mann bringt uns um mit seinen
langen Haxen. Jetzt ein [illegible]
auf der Nase. 9 Stunden zu
Fuß. Bemerkt M. Gute Nacht

Eintrag vom 19. Mai [1968]

19.5. *(Datum von Hand korrigiert: 2. Juni gestrichen, 19.5. danebengeschrieben)*

8h aufgestanden. Kapitol, Museen wegen Wahlen gesperrt. Aussicht sehr schön. Wetter windig u. schön, nicht heiß. Mittags Pollorollo, Manfred 2 Bier, geschlafen wie die Bären bis 5*h*. Dann etwas zu spät ins Forum, konnten Palatin nicht mehr sehen, Forum sehr schön beleuchtet. Kirchen: Ara Coeli, ~~St.~~ bis 8h. Dann umgezogen wegen kühl. Katzen gefüttert im Katzenforum, dann *irrsinnig* weiter sogenannter Spaziergang. Ewig kein Beisel gefunden, leicht grantig wegen Erschöpfung. Dieser Mann bringt uns um mit seinen langen Haxen. Jetzt liegt er auf der Nase. 9 Stunden zu Fuß. Armer kl. M. gute Nacht.

20.5. *(von Hand geschrieben)*

1/2 7 aufgestanden in den Vatikan gefahren, Peterskirche besichtigt, wie gehabt. Dann Museum. Sehr eindrucksvoll die frühen Maler, kleine Bildchen: Giotto, Beato Angelico. Viel viel schöner als die späteren Schinken. Sistina prunkvoll, wieder nicht gefallen. Die Borgia Zimmer leider geschlossen, sehr schade.

Stanzen d. Raffael nicht gesehen. Etrusker, Griechen u.s.w. Im antiken Teil steht alles wie in einer Rumpelkammer, wieder geärgert darüber. Sehr müde. Essen teuer, Rest. Museo Saufraß. Geschlafen bis 3h. Dann etwas Regen aber sehr schwül. Zu Fuß zur spanischen Stiege. Dort viele Gammler, Manfred entzückt darüber. Filmaufnahme. Santa Trinita, dann ins Künstlerviertel, sehr reizende Ausstellungen. Hübsches Geschäft mit unglaublichen Kunstblumen. Manfred Kreuzweh, ich Fußweh.

Per Taxi zu Pollorollo. Geschlossen, daneben erträglich gegessen, dann Katzen gefüttert u. zu Fuß heimgegangen. Große Waschungen. Manfred spricht dauernd mit seinen Dias, scheint seine größte Freude zu sein. Hotel anständig sehr sauber gehalten, aber nur 1 Aschenbecher im Zimmer, sichtlich patriarchalische Anschauungen. Gute Nacht. Sehr viele Schwalben, zu meiner Freude, wecken aber Manfred auf.

21. MAI *(von Hand geschrieben)*

Die Kirche 12 Apostel (?) M. früh weggegangen (6h) im Trajansforum 3 Katzen besucht. Um 7h zurück zum Frühstück. Vormittags S. Angeli [S. Maria degli Angeli]: herrliche Architektur, in die Thermen des Diokletian gebaut. Tepidarium Thermenmuseum, M. sehr begeistert, viel photographiert. Kreuzgang mit Rosen u. Ochsen sehr schön. Schöner Vormittag, weil M. begeistert. Mittags bei Pollorollo. Kannelloni, viel zu gut u. fett. Sind jetzt um 8h noch satt.

Schlafen bis 4h. Dann auf den Palatin, geschlossen. Zum Kolosseum, großartig. Arme Katzen dort.

Nachher Auflauf auf der Straße, ein Mann ganz oben am Kolosseum. Dann San Clemente, schön wie immer. M. nicht gut. Eigensinnig, rennt zu viel und setzt keinen Hut auf. Früh ins Hotel. M. wieder besser, spielt mit den Dias.

Nachtrag: Cosma u. Damian sehr reizende Kirche. Mosaik mit Schafen. Krippe. Eine der hübschesten Kirchen.

22. MAI MI. *(von Hand geschrieben)*

6h Manfred Katzen füttern am Kapitol. (2)

Zur span. Treppe gefahren, zu Fuß auf den Pinzio, herrlicher Park, viele Hunde, keine Katzen.

Villa Borghese, alte Sachen am schönsten. Manfred Kreuzweh bekommen. Tiergarten, sehr schön. Bärentanz, netter Wärter. M. viel photographiert (überall Katzen) Gegessen im Tiergarten bei senilem Kellner, dann zu Fuß zur Villa Julia [Giulia], die gerade gesperrt wurde.

Im Taxi ins Hotel. Nicht geschlafen, nur gelegen. Um 4h weggegangen zum Theater d. Marcello, Velabrium, Tempel d. Apollo u. kl. Rundtempel, ältester Tempel (erhaltener) Tiber, Ponte Rotto, sehr schöner Blick auf Aventin. S.M. in Cosmedin geschlossen, kl. Kirche gesehen. S. Giorgio, alt. (~~Bogen Arco Agentino aus der Verfa~~) Janusbogen groß aus der Verfallszeit. (neu*)

Arco Argentina [Arco degli Argentari] (Geldwechsler) Forum Boarium.

Autobus Piazza Colonna, gegangen über Pantheon (gesperrt) zur Piazza Navona, Kaffe getrunken, kühl. Pollarola, gut gegessen, mit Autobus heimgefahren, *sehr* müde. Brauchen zu viel Geld.

23.5. *(von Hand geschrieben)*

Feiertag. Später aufgestanden. St. Paul vor den Mauern. Herrliches Mosaik. Besser gefallen als voriges Jahr, vielleicht weil Kirche dunkler. Wunderbarer Kreuzgang, Wetter trüb u. schwül, tröpfelte.

Mit Taxi zur Porta St. Paolo, evang. Friedhof, evangelische Katzen (5) gefüttert. Goethes Sohn nicht gefunden. Mittagessen im Hotel teuer u. ganz gut. Bett gelegen, 1/2 3 Autobusrundfahrt.

St. Maria Maggiore (eine der schönsten Kirchen) Herrliches Mosaik aus 4. Jahrhundert, blöder Barockbaldachin davor. Führung sehr anstrengend und ungut. Dann

Laterani, zu wenig gezeigt. Sehr schwüles Wetter, dann Via Appia Antica. Grabmal d. C. Metella, Circus Maximus, Thermen d. Caracalla. Katakomben des Kalixtus. Schöner als die von San Sebastian.

Führer ein alter Witzbold von Salesianer, hochgebildet, zynisch, aber zu euphorisch.

Dann Heimfahrt. Rundfahrten in der Stadt ein Unding. Aber wie wären wir in die Via Appia gekommen. ~~H~~ M. mit Kreuz bedient. Überhaupt zu anstrengend für ihn. War nicht meine beste Idee ihn nach Rom zu bringen. Hoffentlich gewöhnt er sich noch ans Gehen. Liegt im Bett u. spielt mit den Dias. Wollen noch essen gehen, mit diesen Füßen u. diesem Kreuz??

24.5. *(von Hand geschrieben)*

Vormittags auf dem Kapitol, Katzen gefüttert, Kap. Museum. Wieder nicht Senatorenpalast, weil Feier des Kriegseintrittes gegen Ost. Das muß ich nicht sehen, ging zum Friseur. M. lief wieder hin u. photographierte alle möglichen Leute. Dann Essen im Hotel, gut, aber zu reichlich. Schlaf bis 4h.

Nachmittags: Quirinal, San Andrea al Quirinale, San Carlo al Qu. [S. Carlo alle Quattro Fontane] v. Borromini. Quatro fontane, zur Piazza Barberini, Brunnen, ~~Pi~~ Via Veneto, Kapuzinerkirche u. Friedhof. Schauerlich u. rührend. Dann Fernet getrunken, beste gegen Magenweh. Gebummelt u. Geschäfte angeschaut, mit Bus ins Hotel. Später (jetzt 1/2 9h) gehen wir zu Pollorolla essen. Wetter ungut *schwül* u. bedeckt.

Später noch Katzen gefüttert.

25. MAI SAMSTAG *(von Hand geschrieben)*

Mit Autobus in die Engelsburg riesig, Waffensammlung. Kein sehr großer Eindruck. *Schöne Aussicht*. Über das Tiberufer zur Ara Pacis sehr schön. ~~Vorher~~ Mausoleo di Augusto, nicht mehr viel zu sehen. San Carlo al Corso Barockkirche. Parlament, schöner Bau ~~Palazzo~~ Pantheon, Eindruck wie immer. Elefantenbrunnen, Sopra Minerva, leider gesperrt.

Mittagessen, Pollarola photographiert geschlafen bis 5h. (2 Stunden)

Nachmittags: Santa Franceska schöne Kirche. Domus Aurea, Thermen des Trajan, düster und schön. San Martino ai Monti, San Pietro in Vinculi. Hübscher Park auf dem Esquilin, Parco Oppio. Arme Katzenfamilie dort gefüttert, Mutter, Kinder und blinder Vater. Abendessen in Cafeteria, Kakao u. Brioches.

Uhr vorgestellt. Wechsel auf Sommerzeit.

Wetter vormittags herrlich, nachmittags kühler u. bedeckt.

Angeblich ein Tief über Tunis. M. etwas Magenweh. Ab den Hüften leiden wir sehr. Waschungen u. Salbungen fleißig betrieben. M. Kreuz marod.

In Syracus (Sizilien) fiel ein Milchauto um Flaschen zerbrochen u. 100erte von Katzen kamen u. leckten die Milch auf. Der Verkehr mußte unterbrochen werden. Ein Mann in Mailand spielte Verkehrspolizist u. hielt den Verkehr an, bis eine Schar Tauben die Straße überqueren konnte. Gefragt ob er spinne, sagte er, die Tauben seien Fußgänger u. hätten auch das Recht über die Straße zu gehen.

26. MAI. SONNTAG *(von Hand geschrieben)*

Sommerzeit. Via Veneto gef. Zeitungen gekauft. Mit Taxi zur Villa Giulia. Alles sehr schön u. beeindruckend. Eines der schönsten Erlebnisse in Rom. Dann bis zur Porta Flamina im Bus, Campari getrunken u. mit Bus bis Piazza Colonna St. Maria Aquila (?) kleine Barockkirche dann St. Maria sopra Minerva. M. sehr gefallen. St. Caterina [Gebeine im Hochaltar], ~~Ph. Lippi~~ [Fresken des Filippino Lippi] Fra Angelico dort begraben. Christus angeblich von Michelangelo, gefällt mir nicht. Um 1500 herum hört für mich die Kunst auf. Dann in einer winzigen Kirche, Name vergessen, dann in San Andrea della Valle. Nicht so schön. Dann Pollarola, gut gegessen. Herrliches Wetter. Geschlafen bis 4h. Dann auf Palatin gegangen u. alle alten Steine betrachtet.

Rosengarten gefiel M. sehr.

Haus d. Livia u.s.w.

Aussicht sehr schön.

Dann durch Forum, heim u. im Cafe Fernet getrunken, in die nächste Snack Bar gegangen, Sandwich u. Tee gegessen, dann um 8 ins Bett, d.h. 1000 Waschungen u. Salbungen der vielen Weh-Wehwes. 10 Karten geschrieben, Tagebuch u.s.w.

27. MAI MO *(von Hand geschrieben)*

Mit Taxi nach San Stefano in Rotondo. Kirche in Restauro, durften aber hinein (Kastelkamin) Am Monte Caelio. Vollkommen aufgerissen. Fresken beschädigt, sehr alt. Architektur sehr schön u. merkwürdig. 22 jon. Säulen (Sphinx de Coelius, Ev. Papst

Simplizius 468 gebaut.

St. Maria in Domnica: Aus den Anfängen des 4. Jhd.

älteste röm. Diakonie. Hochzeit. ~~mit~~ Herrliches Mosaik aus dem 9. Jhd. Paschalis Dann St. M. Maggiore, ~~St.~~ Lateranmuseum in Restauro (angeblich alles im Vatikan). Sicher ein Schmäh. St. Praxedis u. Pudentia. 1ere herrlich. Junokapelle photographiert. Essen in Snack Bar. Sandwiches. Schlafen bis 4h.

NACHMITTAGS

Via Pilota, Fontana Trevi Corso, Via Condotti, Piazzi Di Spagna, zurück über P. Parlamento zur Piazza Borghese. Markt schon fast geschlossen (Meisterstück M.s,) Über das Pantheon zur Piazza Navona, Kaffee getrunken.

Keine Kugeln gekauft. Katzen füttern, einäugige Schecke und Schwarzweißkater + Baby. Alimentario gesucht, wieder bei Fontana di Trevi, endlich Essen gekauft, heimgegangen, Waschungen, Salbungen, Essen im Zimmer. Tagebuch.

Heute Gewitter. Vormittags heiß u. schwül, M. sehr angegriffen, spürt Gewitter voraus. Nachmittags eingetroffen, Platzregen.

28. DIE *(von Hand geschrieben)*

Morgens schön. Wollten ins Konservatorenmuseum, fuhren aber dann nach Tivoli. Plötzlich Platzregen, dann so, daß man die Gärten besichtigen konnte. Mittagessen. Manfred sehr müde. Neuer Platzregen, da keine Aussicht auf besseres Wetter heimgefahren. Um 5h daheim.

Sehr schade um die Villa Adriana aber was soll man tun. M. ohnedies nicht sehr gut beisammen, schien das Unwetter zu spüren. In Turin 1/2 Mt. Wasser auf der

Straße. Ich allein in der Via Nazionale eingekauft, ganz gemütlich. Essen in der Snack Bar, M. fast nichts.

Jetzt 10h im Bett.

29.5. MI *(von Hand geschrieben)*

Vormittags schönes Wetter. Aventin nach längerem Herumirren. St. Sabina Holztür S. Alessio Schlüsselloch am Aventin. Mit Taxi ins Hotel: gelegen von 12-1, dann Pollarola, gut gegessen (Saltimbocca u. Pilze mit Ei, Friagiole (Fragoli?) Köstliche Walderdbeeren.

Heim ins Hotel, Gewitter, Platzregen. Geschlafen von 2-6h!!! Richtig erholsam. Nachher etwas blöd im Kopf. Durch die Via Nazionale gebummelt u. eingekauft. Essen in der Snack Bar. 1/2 9 heim, Fußballspiel. M. in der Bar, ich Waschungen u.s.w. liege im Bett, geht mir sehr gut. M. heute etwas erholt.

30.5. DO *(von Hand geschrieben)*

Den ganzen Tag leichter Regen. Manfred Migräne. Ich beim Friseur, dann um 11h Konservatorenpalast, sehr große Sammlung. Schöne etruskische Stücke! Karten gekauft. Krawatten gekauft. Noch 1000 S. gewechselt. Geschlafen bei kühlem Regenwetter bis 5h. Dann M. etwas erholt. Gebummelt bis 7h. Pollarola, gut gegessen. (Ich) 2 Dosen an Katzen zerfüttert. Meine schwarzweiße Tanzkatze jeden Tag da. Orange Augen.

9h wieder im Bett.

Hoffentlich geht morgen noch Ostia Antica. Schön wäre es.

31.5. *(von Hand geschrieben)*

Vormittags in Ostia Antica. Großer Eindruck, leider M. krank, später am Lido, wie überall am Strand. Essen so schlecht, daß M. schlecht wurde, furchtbare Nacht.

Um 1/2 5 auf, Bus versäumt mit Taxi zum Lufthafen. Flug nach Frankfurt. Unfreundliches Volk. 4 Stunden herumsitzen, dann Flug nach Hörsching. Voll Welsern, Linzern u. Grazern, furchtbare Gespräche. Unförmig dicker Mann. Alles sehr ordinär. Jetzt daheim, hoffentlich erholt sich M. wieder.

FLORENZ SAMSTAG *(von Hand geschrieben)*
12. Oktober 1968 *(1968 von Hand geschrieben)*[9]

7h ab Steyr mit Caesar [Name des 2CV von der Freundin], St. P. eingeholt von Manfred im Kombi nach Schwechat. Caravelle 11h40. Keine Sicht, da Fenster klein. 1/2 St. Verspätung Rom bei Sonnenschein gelandet. 16.30 Zug nach Florenz

Villa Elsa: Großes Zimmer mit Bad. Mausealleine, später auch Hausherr da. Sehr müde, schlecht geschlafen.

SONNTAG 13.

Wetter neblig-bedeckt. Frühstück 9h. Mit Autobus 37 od 11 Domplatz, Piazza delle Signoria, Uffizien, Palazzo Veccio, Loggia di Lanzi (eingerüstet), Babtisterium, herrliche Mosaiken aus 12. u. 13. Jhd.

Paradiesestür, Hochwasserschäden, Dommuseum, Cantorien v. Donatello u. Lucca della Robbia, sehr schöne singende Kinder. Arnolfo di Cambio. Madonna um 1300 gotisch od. rom. Mittagessen nur 1000 Lire, Siesta, Ponte Vecchio zum Bahnhof Elli verirrt, kein Wunder, da finster

Käsetoasts auf der Piazza della Republica mit rotem 11er heimgefahren (falsch). Daheim kein Licht. Elli erzählt uns Schaudergeschichten über Taschendiebe.

Nachtrag: Hauskapelle der Mediceer gesehen. Der Zug der 3 Könige von Benozzo di Gozzoli Bezaubernd schön 1440.

MONTAG 14. OKT.

Frühstück im Freien. 2 liebestolle wilde Heuschrecken (10 cm) springen Elli an. Wetter neblig-diesig. Schuhsuche, lange gesucht, endlich giftgrüne Patschen für mich gefunden, ~~die~~ mit denen ich herumlatschen muß, wie auf Watte.

San Lorenzo: Bibliotheka Laurenziana v. Michelangelo. Herrliche Holzdecke u. Gestühl. Kreuzgang v. Brunelleschi. Kirche San Lorenzo: Brunelleschi. Grauer Sandstein auf weißer Wand. Klassische Ren. Decke, 2 Kanzeln v. Donatello. Schlicht u. schön. Marmortabernakel. Links Filippo Lippi Verkündigung. *Sehr* schön.

Alte Sakristei. 2 Sarkophage der frühen Medici. Verrocchio. 2 schöne Bronzetüren v. Donatello. Kuppel von Brunelleschi.

Fürstenkapelle. Marmorpracht, spätere Medici, Übergang zum Barock. Protzig.

Neue Sakristei v. Michelangelo sehr schön im Bau. Gräber sagen mir weniger. Madonna ~~d. Pieta~~ sehr schön. Lorenz v. Urbino, Herzog v. Nemours. ~~M~~ Die unfertigen Figuren v. Michelangelo sehr schön.

Fiesole mit 7er von San Marko weg. 20 Minuten sehr schöne Fahrt. Toskanalandschaft, Oliven, Feigen u.s.w. Schöne Villen. Fiesole gegessen. Gute Pizza. Theatro

Romanum, Tempel etruskisch, landschaftlich *sehr* schön. Kl. Etruskermuseum, nicht viel.

Dom sehr schön. Romanische Kirche ohne Zutaten. Ren. Holzdecken. Sehr dunkel.

Franziskanerkirche 2 liebe Kreuzgänge mit Kanari u. Goldfischen kl. Museum mit Elfenbeinarbeiten

Zellen v. Bernhard v. Siena. Totenkopf, sehr steil hinaufzugehen zur Kirche u. mühsam. Heimfahrt. Daheim im Zimmer gegessen um 8h im Bett

DIENSTAG 15.

Frühstück 9h. Uffizien. 3 berühmte Madonnen 1. Saal. Cimabue, Giotto, Duccio. Simone Martini Verkündigung. Ucello Schlachtenbild (Pferde!) Gentile da Fabriano Zug d. Hl. 3 K. Ähnlichkeit mit Gozzoli. Anbetung Filippo Lippi Botticellis, Verocchios Verkündigung, Leonardo Verkündigung. Hl. Familie v. Michelangelo. Piero della Franceska. Mediceische Venus, Madonna mit Stieglitz v. Raffael. Raffael Julius II. Portinari Altar v. Hugo van der Goes.

Bondia Filippo Lippi. St. Maria erscheint St. Bernhard.

Mittagessen schlecht.

2 Kreuzgänge v. St. Maria Novella. Hochwasser 1. Kr. Spanische Kapelle mit schönen Fresken von Andrea da Firenze. 2. Kr. Friedhof berühmter Familien. Kirche gesperrt.

Sta Croce. 1. Hof die Pazzikapelle v. Brunelleschi, Museum im ehem. *Refektorium* leider Hochwasserzerstört, völlig leer.

Berühmtes Kruzifix Cimabue zerstört. 2. Kr. v. Brunelleschi

Kirche Franziskanerkirche gotischer Stil, sehr viel schöne Fresken. Kanzel von

Grabmäler ber. M. M. Angelo Vasavi, Rossini Machiavelli u.s.w.

Fresken in Kapellen u. Chor. Ehrenmal f. Dante neu 14. Jh. Renaissancetabernakel v. Donatello Leonardo Bruni Grab v. Rossellino typ. Renaissance. Kruzifix v. Donatello (Holz)

Sakristei schöne Kreuzigung von Taddeo Gaddi

gotische Kirche

Orsan Michele Tabernakel

Orcagna, Madonnenbild von Gaddi, Schüler Giottos, sehr schön. Einkaufsbummel heim. 1/2 7 im Bett.

Chiostro Verde St. M. Novella Kreuzg. X Hundemeute.

MITTWOCH 16. OKT.

Frühstück im Zimmer.

Museo St. Marko Fra Angelico Museum. Michelozzo Bauherr. Herrlicher Hof mit Ceder. Tafelbilder mit Fra Angeliko u. Fra Bartolomeo. Das jüngste Gericht, Tabernakel d. Flachshändler m. Madonna. Leben Jesu, Flucht v. Aeg. Krönung d. Jungfrau, Jesus wird vom Kreuz genommen.

Abendmahl Fresko v. Ghirlandaio mit rührender Katze im Vordergrund. Pfauen u. Vögel. *Katze wichtig*. Perspektive. Bäume Kirchen u. Brot am Tisch.

Oben Verkündigung Werke in den Zellen von Fra Angelico. Savonarolas u. Cosimos Zelle. Bibliothek, sehr schön. Michelozzo. Findelhaus. Wickelkinder. Andrea della R[obbia]

Archäolog. Museum Erdgesch. in Hof gesperrt wegen Hochwasser.

Chimäre v. Arezzo, der Redner, Apollo, 1000e Sachen. Gute Pizza gespeist.

St. Miniato gefahren mit 13er, schöne Fahrt, leider Dunst u. Nebel. Hinaufgelatscht, mühsam. Romanisch 3schiffige Kirche, Säulen (wie antik) Holzdecke, bemalt. Fresken, rom. Kanzel mit Marmorintarsien, Chor, Krypta Ren. Grabmal d. ~~Ren.~~ Kardinals v. Portugal. Verkündigung v. Baldovinetti. Copie eines Gem. Pollaiuolo, Estachius, Friedhof, Giovanni Papini liegt dort.

Zurück in die Stadt, Regen, Upim. Pizza u. Toast, Taxi wegen Regen. Elli kramte lange, las mir dann schöne Geschichten vor. Sehr gemütlich bei Schokolade u. Apfel.

DONNERSTAG 18. OKT. [eigentlich 17.]

9h ab.

Dom innen nicht so schön wie außen. 2 Reiterfresken v. Uccello Andrea da Castagno. Pieta v. M.A. Alterswerk sehr schön. Josef v. Arimathea in der Maske M.A.

St. Maria Novella Schöne Konstruktion Massaccio die Dreieinigkeit. Kreuz Brunneleschi, Chor Fresken v. Ghirlandaio, Leben St. Johannes. Sehr gut erhalten (kein Licht)

Bargello od. Nationalmuseum. Prachtvoller Hof. Bachus d. M.Angelo Hauptwerke Donatellos: 2 Davide, Kupido, St. Georg Massaker Verrocchio David. ~~Faga~~. Fayencen Töpfereien, Elfenbeinarbeiten, Goldschmiedearbeiten. Kapelle d. Bürgermeisters, Fresken Giottos, Abbild Dantes. X Robbia, leicht kitschig.

Palazzo Vecchio Saal der 500 ~~Der Sieger v.~~ Michelango Junger M. besiegt alten.

Tresorkammer mit Geheimtüren.

(Gestern Regen, heute schön, eher kühl.) Herrliche Privatgemächer der Medici. Saal d. Lilien, herrliche Decke, Fresko von Ghirlandaio (Tür hineingepfuscht) Herrliche Aussicht über Florenz (viel Stiegen)

Mittagessen

Forte Belvedere Herrlicher Rundblick. Befestigung v. M.A. Einkaufsbummel 8h daheim.

FREITAG 18.

Streik der Straßenbahnen u. Autobusse. Latschen zur St. Maria del Carmine. Kirche nicht schön, 18. Jhd. erneuert. Nur Kapelle erhalten. Brancacci Kap. in der Fresken von Masolino, Masaccio (29 J. gest.) u. F. Lippi sind.

St. Spirito Klassische Frühren. von Brunelleschi, sehr schön. Viele alte Meister: Lippi, Kreuz v. Michelangelo. Barocker Baldachin stört. Bis zur Galerie der Akademie gelatscht. Alles zu bis auf den Saal mit M.A. Die Gefangenen sehr schön, David, Wandteppiche sehr schön.

Herrlicher Tag. Wollten nach Fiesole leider wegen Streik nicht möglich. Mittagessen. Latschen zu Boboli Garten. Palazzo Pitti gestrichen, zu müde. Boboligarten sehr schön. Liebespaar wurde von Parkwächter verjagt. Buchhandlung sehr schön. Heim gelatscht. Porta Romana bis Villa Elsa 30 m. Elli Prachtschuhe, Franz. Kardinal.

In Florenz nur 7 Katzen gesehen, eine davon Siam an Leine. Dafür Old Possums Katzenbuch gekauft v. T. S. Eliot.

FREITAG 24. MAI[11]

vormittag: 2 Museen Kap.
nachmittag: wenn schöner Palazzo
wenn schlecht ~~Lateran~~ Praxedis u. Pudentia
Friseur (St. Maria sopra Minerva)

Samstag: Vormittag: Pantheon u. Umgebung, Augusteum
nachmittag: wenn schön Aventin
wenn schlecht: Kirchen
Sonntag: Vormittag Villa Julia u. spazieren
Nachmittag: Quirinal u. Kirche
Montag: Trastevere, Gianicolo
Dienstag: Tivoli
Mittwoch
Donnerst. Ostia
Freitag
St. Peter in Vincoli

Konservatorenpalast

Mo: Praxides u. Pudentia
Lateranmuseum
Nachmittags: Aventin
Di Tivoli
Mi Konservatorenpalast
Do Ostia
Freitag Einkäufe

1. Tag Piazza del Popolo Via Del Corso Capitol
2. Tag Pantheon Navona Brunnen Tiberinsel del Jesu Francesi Mausoleum d. Augustus Th. di Marcello
3. Tag Forum
4. Tag Palatin
5. Tag Kolosseum Domus Aurea. J. G In Lateran M. Aurelio
   San Clemente Obelisk
6. Tag Vatikan u. Engelsburg
7. Tag Pinzio Villa Borghese Zoolog. Garten Villa Giulia ~~Villa~~ Aeskulaptempel

8. Tag Via del Babuino Piazza di Spagna u. Treppe Trinita del Monti Fontana del Trittone Via Veneto Palazzo Barberini St. M. Maggiore.
9. Tag Porta Pia Via Venti Sett. Quirinal Via Nazionale Thermen d. Diokletian Termini
10. Tag Circus Maximus Aventin Porta S. Paolo ~~Far~~ St. Paul Cestius Pyramide Protest. Friedhof.
11. Tag Caracallathermen Via Appia
12. Tag ~~Via Nomentana~~ Via Adriani Tivoli
13. Tag

Briefe

Marlen Haushofer mit Ehemann Manfred Haushofer, ca. 1953

Marlen Haushofer an Gerti Menzl verh. Semler[1]

4. Nov. 1937

Liebe Gerti!

Hoffentlich bist Du mir nicht böse, daß ich Dir solange nicht geschrieben habe. Herzlichen Dank für Deinen lieben Brief, über den ich mich sehr freute. Vom Kloster aus wollte ich nicht schreiben, Du weißt ja so wie das ist. Alle Briefe werden gelesen und zwar sehr genau. Wenn Du mir wieder einmal schreibst, so bitte zu Weihnachten, wenn ich daheim bin. Wie geht es Dir immer? Hast Du sehr viel zu lernen? Im Kloster waren alle ganz »erschüttert« über Deinen Fleiß. Deine Photo hat große Begeisterung hervorgerufen und es wurde allgemein erklärt, daß dir das kurze Haar noch besser steht als die Zöpfe. Im Kloster ist es recht fad; Mater Klementin ist sehr streng und wir dürfen garnicht hinaus. Die achte Gym. darf auch nicht allein fortgehen. Da muß man eben zur Selbsthilfe greifen. Wir nehmen uns eben die Freiheit, die man uns nicht freiwillig gibt. Am Samstag drücken wir uns fast immer hinaus. Nur Toni und Greti tun nicht mit. Die beiden sind unheimlich gewissenhaft und stucken Tag und Nacht. (natürlich nicht wörtlich zu nehmen!) Aumayr Peperl wurde am Samstag vor Allerheiligen krank und mußte ins Spital gehen. Weil wir den selben Tag heimfuhren weiß ich noch nicht was mit ihr los ist. Sie hatte schon öfters Blinddarmreizungen. Ich bin noch einige Tage daheim geblieben, weil ich ein wenig verkühlt bin und werde erst am Samstag nach Linz fahren. Du tust mir wirklich leid, Gerti, weil du meine Schrift entziffern sollst. Aber ich kann unmöglich schöner schreiben. Frau Dr. Günthersberger gibt mir immer die Schularbeiten nur halbgelesen zurück und schreibt dazu:

»unleserlich«. Nur eine gute Seite hat die Sache, es will niemand mehr von mir Vokabeln abschreiben!
Ich glaube ich habe schon genug Unsinn geschrieben, also zum ernsten Teil! Wir waren heuer im »Faust« Der Mephisto hat sehr gut gespielt und auch dazu gepaßt. Der Faust war nur am Anfang gut, als Liebhaber war er wie ein Stock und das Gretchen spielte gut war aber nicht hübsch. Gehst Du sehr oft ins Theater? Das ist ein Vorteil um den ich Dich beneiden würde, wenn ich könnte. (philosophisch?!) Hast Du schon wieder recht viel gelesen? Ich komme jetzt garnicht dazu. Also sei mir nicht mehr böse und schreibe mir auch so einen langen Brief!
Mit den herzlichsten Grüßen Deine
Marlen.

Marlen Haushofer an ihre Eltern [25.8.39] aus dem Reichsarbeitsdienst in Ostpreussen[1]

35 Tage[2]

Liebste Eltern!
Endlich ist Euer mit 1 000 000 Schmerzen erwarteter Brief eingetroffen, ich beantworte ihn auch gleich, obwohl ich recht wenig Zeit habe. Ich bin noch im Kindergarten, wovon ich Euch auch ein Bildchen sende, das der Obertruppenführer des R.A.D. gemacht hat. Der männliche Arb. ist nämlich im Kindergarten, wir verstehen uns aber sehr gut und ich kümmere mich nicht viel um die Kerls. Jeden Tag geh ich nach Christburg »in Geldgeschäften«, ich komm mir vor wie ein alter Wucherer.[3]
Sonst geht es mir aber gut, ich freue mich schon so auf den 28. Sept.

Jetzt wird ja doch alles recht werden, nachdem sich die Lage so plötzlich verändert hat. Von Samstag bis Montag hatten wir Einquartierung. Jeder Siedler bis zu 10 Mann. Wir hatten nur 3 Offiziere, die sehr nett waren. Den Sonntag nachmittag verbrachten wir mit 30 »auserwählten« Soldaten, den Unteroffizieren und Offizieren. Es war sehr nett. Bis 9 h dauerte der Rummel, dann schickten wir sie heim. Es waren lauter Rheinländer. Überhaupt ist jetzt immer etwas los, die Straße nicht frei von Autos u. Tanks, alles an die Grenze. Jetzt geht es bestimmt bald los, hoffentlich geht es schnell vorüber.
Ich könnte Euch ja soviel Interessantes erzählen, aber bis ich heimkomme, hab ich es bestimmt vergessen. Jetzt hab ich einen Medizin-Studenten kennengelernt, aus Dortmund, sein Vater ist aus Steiermark, ich war ganz glücklich darüber. Er war auf Erntehilfe da, acht Tage bin ich immer mit ihm zur Stadt gefahren und er hat mich immer im Kindergarten besucht, ich war so froh wieder einmal mit einem kultivierten Menschen zu reden, und er war so furchtbar nett und anständig zu mir und hat mir das Leben erleichtert wo er nur konnte.
Heute ist er leider heimgefahren, wir haben noch rührenden Abschied bei Selloch gefeiert. Da der Stab so dumm ist und nichts merkt, konnte ich mir diesen kleinen »Seitensprung« leisten. So schade, daß ihr ihn nicht kennt, ich bin überzeugt, daß er Euch sehr gefallen hätte. Ich schicke die Photos mit, damit sie nicht verloren gehen, auch einige alte Photos schicke ich weg, es ist besser so. Deshalb braucht ihr aber noch lange nicht zu denken daß ich vielleicht verliebt bin oder so. Aber hier in diesem öden Leben freut man sich über jeden netten Menschen.
Ach Gott ich bin ja so froh, daß die Sache endlich ein Ende nimmt, länger als fünf Wochen kann man es bestimmt nicht aushalten, langsam wird es höchste Zeit

daß man von hier wegkommt. Die Stimmung im Lager ist schrecklich, alle werden schon so gehässig und nichts als Streitigkeiten sind, gottlob hab ich mit all diesen Dingen nichts zu tun. Wie schade daß ich Euch nicht alles schreiben kann und bestimmt alles vergessen werde bis ich heimkomme.

Die Torte war »enorm« wir (Hedi, Laux und Margrit u. ich) haben sie mit Freude verzehrt. Alle lassen Mutter herzlich danken und wollen am liebsten bei ihr kochen lernen. Laux verfolgt mich ungestüm, ich sollte doch endlich Vater von ihr grüßen, sie sagt mir jeden Tag mit einem fürchterlichen Drohblick »hast Du schon heimgeschrieben«?? Der Abschied von Laux wird mir bestimmt sehr schwer fallen auch von einigen anderen Mädels.
Wenn Ihr denkt daß bei uns die Sachen nicht teurer sind, ist es mir natürlich lieber wenn ich sie daheim kaufen kann.[4] Ganz überraschend erhielt ich am 18. Aug. von Peperl eine riesige Bonbonniere u. von Lisl (Schramayr)[5] eine Schachtel mit Bonbon, Keks, Schokol. und anderen nützlichen Dingen.
Ich war natürlich schwer gerührt und hab mich mit einer Träne im Knopfloch darübergestürzt. Was sagte Rudi zu den Viechern?[6] Heute hab ich geträumt, daß ich ihn bei den Ohren gezogen habe und er den üblichen Wutanfall erlitt. Hoffentlich geht mein Traum bald in Erfüllung. Ich möchte gerne wieder aus dem Kindergarten raus, das ist nichts für mich, ich kann zwar gut mit den Kindern umgehen, aber ich kann dieses ruhige Leben nicht mehr vertragen. Werde um Versetzung ansuchen, vielleicht komm ich dann ins Haus, das wäre jetzt ganz schön.
Jetzt werdet Ihr wohl nur noch 2 od. 3 Briefe von mir erhalten, dann komm ich in höchsteigener Person. Ich glaube wenn ich in Klaus am Bahnhof stehe und Ihr seid

da, dann werde ich verrückt vor Vergnügen. Aus einer Zeile Vaters glaube ich schließen zu können, daß es Mutter doch nicht so hervorragend geht. Hoffentlich habt Ihr mir da nichts verheimlicht, ich habe ja immer gefürchtet, daß Ihr mir nicht alles schreibt. Schade daß Vater nicht mehr Urlaub hat wenn ich komme. Aber auf den Spitz[7] muß ich noch kommen. Überhaupt werd ich wie wild herumlaufen. Ich bin jetzt ziemlich schlank, fühle mich viel wohler dabei als zu meiner »dicken« Zeit. Wenn ich die Photos bekomme die Gert (der Student) von mir gemacht hat, und sie sind wirklich etwas geworden, könnt Ihr Euch einmal schief lachen. Der Struwwelpeter ist Gold dagegen. Ich hab mir nämlich schon vor 6 Wochen in einem Wutanfall mit einer alten Papierschere die Haare abgeschnitten und schaue aus wie ein 13 j. Fratz. Bis ich heim komme hab ich aber wieder eine schöne Mädchenfrisur und werde nicht mehr länger wie ein halber Bengel umherrennen. Also Onkel Sepp[8] ist bei Euch? Ich laß sie schön grüßen und sie sind eine schreibfaule Gesellschaft, aber das werden sie ja selber wissen. Wir hatten schon 2 Wochen eine ganz irrsinnige Hitze. Wenn ich jetzt auf dem Feld wäre, würde ich bestimmt kaputt gehen, aber die Ernte ist ja gottlob drinnen. Überhaupt wenn ich denke, daß das alles jetzt bald ein Ende hat und daß ich mich so verrückt geplagt habe, na ja die Zeit auf dem Rübenacker (5 Wochen!) und die Erntezeit, worüber ich Euch allerhand erzählen werde, werden mir immer unvergeßlich sein. Ich hätte nie geglaubt daß ich so widerstandsfähig bin. Jetzt bin ich schon gerettet, das Schlimmste ist vorbei, jetzt muß ich mich nicht mehr umbringen. Ich bin egoistisch und schreibe immer von mir selber, aber es interessiert Euch vielleicht mehr als alles andere. Ich denke immer an Euch und warte nur auf den Moment wo ich von hier abschieben kann. Schreibt doch bitte bald!!!

Und dem armen Vater einen möglichst schönen Urlaub. Rudi u. Mutz[9] strafe ich mit Verachtung. Habt Ihr das Rätsel erraten oder seid Ihr so entsetzt über meinen »sittlichen Verfall«?
Herzlichst Eure Ma

Herrn Pfarrer laß ich auch schön grüßen, was ist denn eigentlich los mit ihm?
Jetzt lebe ich nur noch von gräflichen Äpfeln die entschieden besser schmecken als die ollen Kartoffeln.[10]

Marlen Haushofer an ihre Eltern[1]

14.8.1941

Liebste Eltern!
Vielen Dank für den lieben Brief. Also ist Goditante[2] wieder in ihr Narrenhaus zurückgekehrt. Die arme …

Daß Mutter müde war, kann ich mir lebhaft vorstellen. Hier ist auch schlechtes Wetter, aber das berührt mich wenig. Meine Arbeit ist sehr langweilig, immer registrieren u. Karteiblätter schreiben und so. Aber bald ist's ja überstanden. Peperl[3] wird wohl nicht kommen, sie hat mir einen bewundernswert tapferen Brief geschrieben. Sie will Lehrerin werden um, wie sie schreibt, einen Beruf zu ergreifen, bei dem sie nicht mehr heiraten muß. Armes Ding, ich kann mir noch immer nicht vorstellen, daß Franz wirklich tot sein soll.
Wann kommen Onkel Sepp u. Tante Ma?[4] Rudi wird ja diesmal mit seinen Ferien zufrieden sein. Ich gönn es ihm auch von Herzen, wer weiß wann er wieder einmal zu etwas kommt. Es beginnt ja auch für ihn die Zeit der Arbeits- Fabriks u. sonstigen »Dienste«. Ich lasse

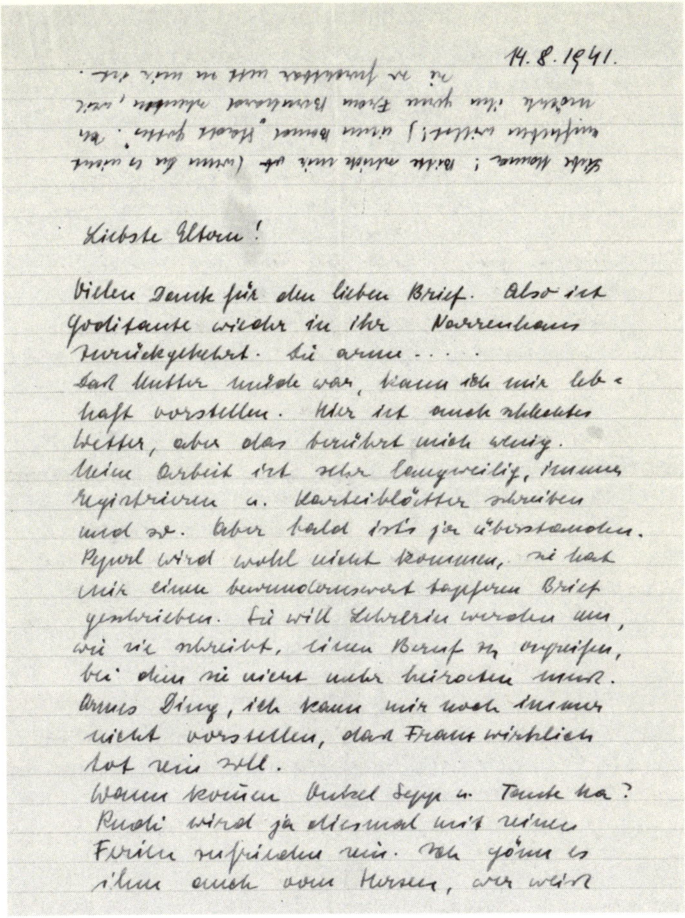
14.8.1941.

Liebste Eltern!

Vielen Dank für den lieben Brief. Also ist Gotitante wieder in ihr Narrenhaus zurückgekehrt. Die arme....
Daß Mutter müde war, kann ich mir lebhaft vorstellen. Hier ist auch schlechtes Wetter, aber das berührt mich wenig.
Meine Arbeit ist sehr langweilig, immer Registrieren u. Karteiblätter schreiben und so. Aber bald ist's ja überstanden.
Pepol wird wohl nicht kommen, sie hat mir einen bewundernswert tapferen Brief geschrieben. Sie will Lehrerin werden um, wie sie schreibt, einen Beruf zu ergreifen, bei dem sie nicht mehr heiraten muß.
Armes Ding, ich kann mir noch immer nicht vorstellen, daß Franz wirklich tot sein soll.
Wann kommen Onkel Sepp u. Tante Ka? Rudi wird ja diesmal mit seinen Ferien zufrieden sein. Ich gönne es ihm auch vom Herzen, wer weiß

Brief vom 14. August 1941 an ihre Eltern

Großmutter und die Tanten schön grüßen. Wie leben sie sich ein? Ich bin ja schon eine Ewigkeit weg von daheim. Werde nächste Woche das schwarze Seidenkleid schicken. Seiberl Mitzi soll sich erbarmen, und es lang machen. Und zwar mit dem gestickten Gürtel, weil die Taille um 2 cm zu kurz ist. Oberteil ganz gleich bleiben, nur die Schleife am Hals soll weg. Hochgeschlossen. Das übrige überlasse ich Eurem guten Geschmack. Meine jetzigen Maße sind: Brust: 92; Taille 73; Hüftweite 92. Länge bis unten 102. Ich bin wieder etwas schlanker geworden.
Nun muß ich Euch eine kleine Neuigkeit berichten, das heißt ganz neu ist es ja nicht, aber da Mutter immer behauptet, ich stelle Euch vor die vollendeten Tatsachen, ohne zu fragen, will ich es vermeiden und Euch langsam aufklären. Ich habe mich nämlich ernstlich verlobt. Bitte befürchtet deswegen nichts, es ist bestimmt zum letzten Mal. Und wahrscheinlich werdet Ihr im Herbst od. Winter diesbezügliche Sorgen überhaupt los werden. Näheres darüber schreib ich Euch in zwei, drei Wochen, weil Manfred zuerst zu seiner Mutter fährt um alles mit ihr zu bereden, dann kommt er zu mir und dann schreibe ich Euch alles ganz ausführlich.
Glaubt bitte nicht, daß ich übereilt handle, ich habe mir die ganze Sache schon seit Weihnachten überlegt und habe auch Manfred immer wieder davon abhalten wollen, aber er hat es sich so fest in den Kopf gesetzt, daß er sich die Folgen selbst zuschreiben muß. In letzter Zeit hat er drei Prüfungen mit Auszeichnung gemacht, aber jetzt muß er wieder ein Semester aussetzen, und wer weiß wie lang sich auf diese Weise sein Studium noch hinausschiebt. Aber das ist ja ziemlich egal, da er sowieso wahrscheinlich vom Militär nicht mehr loskommen kann. Wenn wir verheiratet sind, bekommt er im Monat zwischen 400 u. 500 Mark. Davon kann man doch leben nicht wahr?

Aber ich will jetzt nichts Näheres schreiben bevor ich nicht über alle Einzelheiten genau orientiert bin. Sprecht auch bitte zu keinem Menschen darüber. Wir wollen gar kein Aufsehen haben, Manfred ist da genau so wie ich. Im Übrigen hat er große Angst, daß Ihr nicht einverstanden seid, weil ich ihm geschrieben habe, daß ich es nur tun kann, wenn Ihr nicht ganz dagegen seid. Ich glaube, Manfred wird Euch gefallen, obwohl man ihn erst näher kennen muß, bis er auftaut, weil er ziemlich verschlossen und ein wenig menschenscheu ist, aber ich finde gerade seine stille, ruhige Art sehr wohltuend. Jedenfalls müßte ich mich selbst ohrfeigen, wenn ich noch einmal eine Dummheit machen würde, denn so einen guten Mann krieg ich nie wieder. Aber derartige Berechnung liegt meinem Entschluß nicht zu Grunde. Wir könnten ja beide noch warten, aber wir sehen nicht ein warum, wo wir doch zu leben haben. Und wenn wir beide in Wien sind und uns jeden Tag sehen kostet das Kaffeehaus u. Theater u. Kino u.s.w. wo wir uns dann treffen, mehr Geld als wenn wir beisammen wohnen. Außerdem friere ich im Winter immer so schrecklich und geh so ungern abends aus dem Haus. Außerdem sind wir beide nicht auf Vergnügen aus, sondern sitzen viel lieber zu Hause.
Nun schreibt bald und viele, viele Bussi von Eurer
Marlen.
Grüße von Lauxens[5]

[Nachtrag oben auf der ersten Seite des Briefes]
Liebe Mama! Bitte schick mir (wenn Du es nicht aufheben willst!) einen Band »Stadt Gottes«[6]. Ich möchte ihn gerne Frau Bernhard schenken, weil sie so furchtbar nett zu mir ist.

Marlen Haushofer an ihre Mutter[1]

4.9.1942.

Liebe Mama!
Jetzt sind wir also wieder in Wien. Es ist furchtbar schwül u. will kein Regen kommen. In Linz war es recht nett. Wir waren auch auf dem Pöstlingberg.
Seit gestern ist Manfred im L.W. Lazarett[2] u. es geht ihm ganz gut. Nur Essen bekommt er keines, so daß ich doch kochen werde. Ich danke Euch nochmals herzlich, daß Ihr uns die Ferien so schön gemacht habt. Jetzt werdet Ihr froh sein um die Ruhe. Bitte schreib Onkel Stach[3] Manfreds Adresse, wegen des Mantels. Den schwarzen Stoff konnte ich nicht mehr bekommen, dafür kaufte Frau Haushofer gleich auch für sich den braunen Stoff. Wir freuen uns nun schon auf Vater.
Liebe Mama, bitte sei nicht traurig, wenn ich Dir jetzt schreibe, warum ich so grantig war. Ich bekomme nämlich Anfang April ein Kind, wie mir der Arzt jetzt sagte u. da keine Anzeichen dafür da waren, außer einer gewißen [sic] Übelkeit, wollte ich Dich nicht beunruhigen. Zuerst war ich auch recht traurig, aber wer weiß wozu es so gut ist, jetzt bin ich garnicht mehr grantig u. Manfred ist auch sehr lieb zu mir und vielleicht wird doch auf diese Weise alles recht. Ich fühle mich diesmal viel wohler als vor 2 Jahren u. es geht mir auch viel besser. Jetzt werden wir uns um eine Wohnung bemühen, das ist momentan die ärgste Sorge. Bitte lb. Mama reg Dich nicht auf darüber, ich kann ja auch nichts dafür u. vielleicht wird es recht ein liebes herziges Kind.
Sonst ist mir jetzt viel besser als zu Hause u. auch Manfred schläft besser. Aber die Luft von Frauenstein geht ihm sehr ab. Hier ist es zum Ersticken heiß.
Liebe Mama, bitte bestelle die 2 Kleider (braun u.

schwarz) ab u. laß 2 nette Umstandskleider daraus machen.
Das rote laß aber schon so machen wie es ausgemacht war.
Marlen
Viele Küsse von Manfred u. Ihr sollt nicht bös sein auf ihn.

Marlen Haushofer an Hans Weigel[1]

23.7.[1952][2]

Lieber Herr Weigel!
Ich antworte gleich auf Ihren Brief, damit Sie sich auch nicht die geringsten Sorgen meinetwegen machen müssen. Ich bin sehr froh, daß Sie so aufrichtig zu mir sind. Daß ich ein recht schwerer Fall bin, weiß ich ja selber auch. Es stimmt nicht, daß ich nicht idyllisch sein *will*. Ich möchte sehr gern, aber das wäre gelogen. Gerade diese Mischung von Dämonie u. Idylle, auf die ich unentwegt stoße, bereitet mir das größte Unbehagen u. fasziniert mich zugleich. Vielleicht wäre es meine Aufgabe gerade das glaubwürdig zu gestalten. Wahrscheinlich fehlt mir dazu die dichterische Kraft. Oder ich müßte einmal ein paar Monate allein sein und Ruhe haben. Ich steh auf einem Platz, auf den ich nicht gehöre, lebe unter Menschen, die nichts von mir wissen u. die Hälfte meiner Kraft geht schon auf, in der Anstrengung die es mich kostet unauffällig zu bleiben. Je älter ich werde, desto klarer sehe ich, wie hoffnungs- und ausweglos wir alle verstrickt sind und ich bin froh für jeden, der nie zu Bewußtsein kommt.
Verzeihen Sie, ich hab gar kein Recht Ihnen derartige Dinge zu schreiben. Sie haben sehr viel Geduld mit mir

– aber ich möchte diese Geduld nicht auf die Probe stellen. Was meinen Roman betrifft, hab ich oft das Gefühl, ich könnte rein handwerklich einen guten Durchschnittsroman schreiben, aber dazu fehlt mir der nötige Fleiß u. die Selbstverleugnung. Also werd ich mich weiterhin mit Versuchen herumschlagen. Sie bemängeln, daß sich in meinem Roman die Personen nicht ändern u. das beweist mir, daß ich eben nicht im Stand war, das glaubhaft zu machen. Gerade daß sich nichts ändert war ja mein Thema.

Ich muß wirklich ein Patzer sein, daß mans nicht merkt. Daß der ungesühnte Mord ein sehr gefährliches Thema ist, hab ich gewußt. Ich lasse ihn von einer Frau begehen, für die ja die männlichen Moralgesetze eigentlich nicht bestehen.

Schade, ich hätte gern mehr von Ihnen gehört über die einzelnen Teile der Geschichte. Vielleicht ist das im Herbst möglich. Jetzt kann ich nicht nach Salzburg fahren, weil ich sehr viel andere Arbeit und obendrein kein überflüssiges Geld hab. Jetzt arbeite ich an einem dramatischen Versuch. Es sind drei Akte und es geschieht rein äußerlich garnichts. Darf ich's Ihnen schicken? Es ist mein erster Versuch auf diesem Gebiet u. bestimmt recht ungeschickt. Auch ein Romanthema hab ich, das mich sehr beschäftigt. Tatsächlich wünsch ich mir jetzt einen handgreiflichen Erfolg nur, damit man mich endlich in Ruhe arbeiten läßt u. nicht behaupten kann, daß ich meine Zeit u. Gesundheit für eine fixe Idee opfere. Im Übrigen ist die Zeit in der ich schreiben kann (und ich schreib sehr mühsam) für mich die erträglichste, da bin ich manchmal für Minuten fast glücklich.

Meine Arbeit schick ich Ihnen erst im September – jetzt müssen Sie einmal Ruhe haben.

Ich fahr vom 4. – 14. August an den Attersee (Kammer a. Attersee, Gasthaus zum Konsum), leider nicht allein.

Haben Sie aus Herrsching Antwort bekommen?
Ich wünsche Ihnen gute Erholung u. auch sonst alles was Sie freut.
Ihre
Marlen H.

Marlen Haushofer an Hans Weigel

15.12.57

Lieber Hans,
ich wünsch' Dir und Deiner Frau ein schönes Fest und alles Gute für 1958.
Ich würde Dir gern einen sehr persönlichen Brief schreiben, aber Du wirkst leider wieder einmal sehr einschüchternd auf mich. Ich weiß nicht woran es liegt, bilde ich mir ein, daß Du mich manchmal kränken willst, oder bildest Du Dir ein, daß ich ekelhaft bin? Irgendetwas stimmt jedenfalls nicht.
Zum Teil kommt es vielleicht daher, daß wir in so verschiedenen Welten leben (äußerlich), aber der wirkliche Grund ist wohl, daß wir beide nicht reden wollen oder können. Ich weiß es wirklich nicht.
Daß Dir meine Schreibereien nicht gefallen, kann, von mir aus, nicht Schuld daran sein, denn mein Ehrgeiz liegt auf einem ganz anderen Gebiet. (Die Beistriche werden es wohl auch nicht sein, denn ein so übler Ästhet bist Du auch wieder nicht)
Wie es auch sei, ich leide ein bißchen darunter. Aber da kann man halt nichts machen. Jedenfalls wünsch ich dir, daß es Dir möglichst gut geht.
Deine
Marlen H.

Marlen Haushofer an Hans Weigel[1]

15.10.63

Lieber Hans,
Du hältst zwar nichts vom Briefschreiben, ich möchte Dir aber doch für alles danken, was Du für mich getan hast. Auch wenn die Wand spurlos untergeht, (was ich vermute) Deine Schuld war es sicher nicht. Leider warst Du nicht bei der Lesung. Du hast auch nichts versäumt. Ich bin um 23 h sofort wieder heimgefahren u. war um 2h früh in Steyr. Ich denke noch oft an die Lesung bei Banger. Damals war ich zwar todmüde aber fast glücklich. Die Elfriede Ott hab ich sofort sehr gern gehabt. Sie verkörpert einen Teil von mir, der völlig unterdrückt worden ist. Mit 12 Jahren war ich ihr sehr ähnlich. Verzeih, wenn ich Deine Zeit so beanspruche; ich bin halt sehr allein u. immer nur mit meinem Kater reden ist auch nicht ganz befriedigend. Ganz ehrlich, eine Zeitlang war ich deprimiert wegen der Wand. (Ich hab noch keine einzige Besprechung) Aber jetzt kümmere ich mich nicht mehr darum u. schreib das neue Buch; ganz egal ob es in der Versenkung verschwindet oder nicht. Wahrscheinlich bin ich verrückt und unbelehrbar, aber da kann man halt nichts machen. Zumindest Du wirst Dich darüber freuen, daß ich so verrückt bin.
Ich hoffe, es geht Dir gut und ich würde gern etwas tun, was Dich freuen könnte.
Alles Liebe
von Deiner
Marlen

Marlen Haushofer an Jeannie Ebner

15.4.1966

Meine liebe Jeannie,
vielen Dank für Deinen lieben Brief. Er war mir wieder eine große Freude. Auch das Zusammensein in Wien war sehr schön. Du wirst mit zunehmender Reife immer angenehmer. Demnächst wirst Du zum Anbeißen sein. Du entschuldigst schon, daß ich Dir ein Kompliment mache; aber nach so vielen Jahren darf ich das wohl. Deine Übersetzung hat mir sehr gefallen. Sonderbarerweise erinnert mich das Gedicht jetzt an gewisse Brecht'sche Gedichte[1]. Das bringt eine Herbheit hinein, die mir sehr zusagt. Aber ich bin ja kein Lyriker. Ich möchte es noch mit andern Üersetzungen vergleichen. Mein Exemplar hab ich aber im Bücherkasten vergraben u. muß es erst suchen. Weißt Du, Jeannie, ich ersticke bald in den Büchern u. muß sie doppelreihig aufstellen, was Unsinn ist, weil ich nie wieder etwas finde u. bei meinem miserablen Gedächtnis weiß ich bald nicht mehr was ich besitze. Ich bin derzeit sehr unzufrieden, weil ich nicht vom Fleck komm. Ich müßte meine Geschichten schreiben, aber bestenfalls hab ich drei Nachmittage in der Woche (von 1/2 3 bis 6) und das ist viel zu wenig. Es läßt sich aber nicht anders machen, weil ich soviel andere Verpflichtungen hab. Und vor allem kann ich die Besuche bei meinen Eltern nicht kürzen. Mein Vater, der ja nicht mehr ausgehen kann, erwartet mich jedesmal sehnsüchtig. Jetzt hat er seit 3 Jahren aufgehört zu lesen. Mein Buch hat er aber gleich gelesen u. hat geweint dabei. Weißt Du, diese Schwäche mitanzuschauen ist schrecklich; Vater weiß ja, zumindest zeitweise, genau was mit ihm geschieht. Er ist furchtbar lieb u. will mir immer etwas zustecken. Er ist ja nicht verwirrt oder verblödet, nur sehr schwach u. vergeßlich. Na, was muß ich Dir erzählen.

Es war sehr schade, daß Du nicht mit mir zur Kaschnitz gegangen bist. Es war sehr schön u. vor allem sehr gut gelesen. Ich war, was ich selten bin, sehr beeindruckt. Ist es nicht eine Schande, daß die Einladung nicht von der Gesellschaft f. L.[2] ausgegangen ist. Es hätte viel mehr Leuten gut getan das zu hören. Ich freue mich schon auf ein Wiedersehen (schreib einmal Deine Sommerpläne, damit ich weiß, wann Du in Wien bist).
Dir u. Ernst wünscht noch einen schönen Frühling (ohne Besucher)
Deine Marlen
Dreimal darfst du raten, woher ich Dein Pardon habe.[3]

Marlen Haushofer an Jeannie Ebner[1]

31.1.1968

Meine liebe Jeannie,
ich muss Dir sofort schreiben, denn sonst wird wieder nichts draus. Ich hoffe es stört Dich nicht, wenn es kein lustiger Brief wird, leider hab ich selten lustige Erlebnisse. Je älter ich werde, desto trauriger geht es rund um mich zu. Mein grösster Kummer ist natürlich immer noch mein kranker Vater, der weder leben noch sterben kann. Du weisst ja, wie so etwas ist. Im Herbst hatte er wieder einen Schlaganfall und hat fast alles vergessen was er jemals erlebt hat. Gemütlich hat er sich aber garnicht verändert, das heisst, er ist eher liebesbedürftiger und zärtlicher als früher, keine Spur von Bosheit oder Ungeduld und dabei muss er so leiden durch diesen elenden Dauerkatheter. Dabei wird es langsam auch eine Frage, wie lange meine Mutter das noch aushalten kann. Sie wird immer eigensinniger und verkalkter und lässt sich von mir nichts sagen. Weisst Du, diese Zustände regen

mich ununterbrochen auf, das kannst Du Dir ja vorstellen, Du hast es ja selber lang genug erlebt. Dabei soll ich mich nicht aufregen und hab einen viel zu hohen Blutdruck, muss täglich zwei Pillen nehmen, die machen mich nur müde und gedrückt, aber ich muss sie nehmen. Glaub nicht, dass ich auf meine alten Tage ein Hypochonder geworden bin, ich schreib Dir so nur die Hälfte aller Zuwidernussen und nur, damit Du Dir ein Bild von meinem Leben machen kannst.
Die Hausarbeit wird mir auch sauer und hängt mir nachgerade zum Hals heraus, weil sie so idiotisch ist und mich nur Zeit und Kraft kostet.
Beruflich nähre ich mich von Ärger. Mein neuer Verlag[2] ist bis jetzt der schlampigste und das will was heissen, was diese Wichte mir alles antun (in aller Unschuld) ist unbeschreiblich. Dabei ist es so ermüdend und zwecklos, mit Leuten zu streiten, die in Düsseldorf sitzen und nicht einmal anständig Deutsch können. Vielleicht ist es aber ganz gut, wenn diese Ärgernisse mich vom wirklichen Kummer immer wieder ablenken.
Ich hoffe, wir sehen uns im Frühling bestimmt, ich melde mich rechtzeitig. Hoffentlich geht es Dir gesundheitlich besser, die Arbeit in der Redaktion wird bestimmt ein Nervenkrieg sein, ich bin aber sicher, dass Du für diese Aufgabe geeignet bist, dorthin hätte schon längst ein Mensch gehört, der weiss, wie man arbeitet.
Lass wieder von Dir hören, es war eine grosse Freude, gestern Deine Stimme zu hören.
Alles Liebe
Deine
Marlen
Grüsse an Deinen Mann!

Ich denke an einem Roman herum, wenn ich nur ein bißchen Ruh u. Frieden hätte u. Zeit, könnte es etwas werden. Ich muß wirklich nicht bei Trost sein, daß ich es noch immer nicht aufgebe.
Von den 2 Erzählungen mag ich den »Bruder« lieber, aber tu nur, was Du willst. Wenn Dir keine gefällt, machts auch nichts. Beide sind noch nie erschienen u. sind nicht im Erzählband.
Im Mai möchte ich wieder nach Rom fahren, das würde mich wieder für vieles entschädigen.[3]

Postkarten (aus Florenz bzw. auf der Reise dorthin) an Manfred Haushofer[1]

Poststempel 12.10.68

Herrn
Dr. Manfred Haushofer
A-4400 Steyr
Taborweg 19
Austria

Lieber Manfred,
sind gut in Rom angekommen, mit ca 30 Min Verspätung. Wetter strahlend schön u. warm. Mir ist sehr heiß. Um 8h sollen wir in Florenz sein, da wir etwas zu spät ankamen. Hoffentlich seid Ihr gut zurück aus Mörbisch.
Viele Bussi Marlen
Grüße an die Eltern.
Rom ab 16^{39}. Es geht uns gut. Herzl Grüße Elli[2]

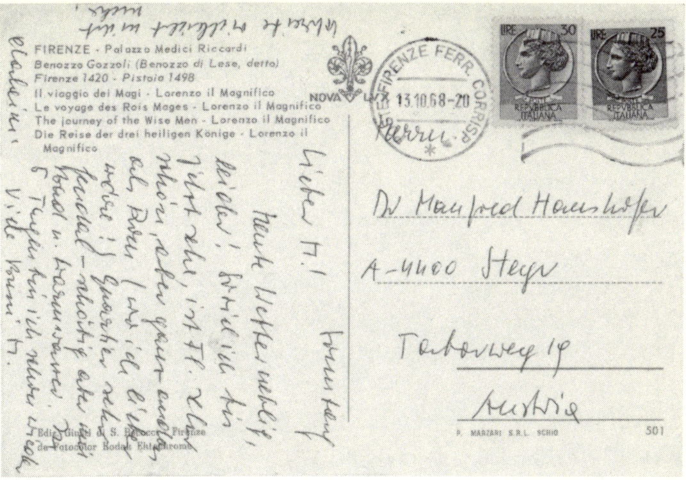

Postkarte vom 13. Oktober 1968 an den Ehemann

Postkarte vom 14. Oktober 1968 an den Ehemann

Poststempel 13.10.68

Herrn
Dr. Manfred Haushofer
A-4400 Steyr
Taborweg 19
Austria

Sonntag

Lieber M.!
Heute Wetter neblig, leider. Soviel ich bis jetzt sehe, ist Fl. sehr schön, aber ganz anders als Rom (wo ich lieber wäre!) Quartier sehr feudal-schäbig aber mit Bad u. Warmwasser. In 5 Tagen bin ich schon wieder daheim.
Viele Bussi M.
Schreibe vielleicht nicht mehr.

Herrn
Dr. Manfred Haushofer
Taborweg 19
A 4400 Steyr OÖ
Austria

Montag 14.10.

Wir sitzen in Fiesole,
Marlene tun die Füße weh –
drum haben wir gekauft ein Paar Patschen –
Jetzt kann sie wieder besser latschen![3]

Giftgrüne Patschen! Jetzt kommt die Sonne durch. Herr Schmitt hat sich sehr verändert. Redselig u. pippalt gern. Wir sind die einzigen Gäste. Viele Bussi
Marlen
Florenz ist von Germanen bevölkert. Liebe Grüße Elli.

Marlen Haushofer an Erwin Barth von Wehrenalp (undatiert)[1]

Lieber Herr von Wehrenalp!
Leider bin ich ja noch nicht fähig, einen richtigen Brief zu schreiben, aber ich möchte mich doch sehr bedanken für die herrlichen Rosen und den lieben Brief. Den Roman habe ich schon unter großen Schwierigkeiten fertig geschrieben u. bin froh, daß meine Kraft doch noch ausgereicht hat. Wie Sie vielleicht von Herrn Weigel wissen, habe ich eine Operation hinter mir und werde jetzt einige Wochen Rö bestrahlt. Es handelt sich um einen nicht bösartigen aber sehr schmerzhaften u. langweiligen Knochenprozeß. Da ich nicht in der Lage bin, mich um meine Angelegenheiten zu kümmern, hat Herr Weigel selbstloserweise dies für mich übernommen.
Sie kennen ihn ja, wie ich hörte, von früher her u. so hoffe ich, wird sich alles zufriedenstellend entwickeln.
Entschuldigen Sie bitte die Form des Briefes.
Vielen Dank u. herzliche Grüße
von
Ihrer
Marlen Haushofer
Recht herzliche Grüße auch an Ihre Frau!

Marlen Haushofer an Erwin Barth von Wehrenalp

30.3.1969

Lieber Herr von Wehrenalp,
Ihr Anruf hat mir große Freude gemacht, mich aber auch ein bißchen in Sorge versetzt. Sie könnten mir sehr helfen, wenn Sie für dieses eine Mal auf meine Mitarbeit bei

den Korrekturarbeiten verzichten würden. Ich bin noch etwa ein halbes Jahr nicht recht arbeitsfähig. Habe auch noch eine 2. Serie Bestrahlungen vor mir und leider haben mich die 34 Bestrahlungen, die ich schon hatte, sehr mitgenommen. Da aber der Prozeß gutartig ist, bin ich noch sehr glücklich davongekommen. Nun liegt mir sehr viel daran, daß Sie sich in dieser Pause, die ich einschalten muß, mit Herrn Weigel, der unendlich viel für mich getan hat, was ja (Rundfunk, Fernsehen u.s.w.) auch dem Verlag zugute kommen wird, auf angenehme Weise einigen können. Ich bin sicher, daß es möglich ist, da ja auch Herr Weigel in diesem Sinn handeln wird. Ich wünsche Ihnen u. Ihrer lieben Frau ein schönes Fest u. schöne Tage in Salzburg. Herzlichst Ihre
Marlen Haushofer

Marlen Haushofer an Käthe Frauendorfer[1]

26.3.69

Liebe Keta!
Danke für den furchtbar lieben Brief. Er war mir ein großer Trost. Ich hab nämlich noch große Schwierigkeiten mit Angewöhnen. Wie ich immer wußte, so gut wie bei Dir, wird es mir nie mehr gehen (das heißt doch, in 4 Wochen). Dann bin ich sicher keine solche Plage mehr für Dich u. ich hab *fest* vor, möglichst viel mit Dir zu lachen u. zu unternehmen.
Vielleicht hab ich dann auch schon einen schönen langen Vollbart u. bleib überhaupt bei Dir. Spaß beiseite, hier ist es recht trostlos, besonders weil meine Schwiegermutter noch hier ist und nur unwillig in ihr Untermietzimmer gezogen ist. Bei Tag kommt sie ziemlich viel.

Nächste Woche fährt sie nach Graz, dann wird es mit Manfred auch leichter werden. Ich koche u. gehe einkaufen. Die Bedienerin ist von 8-11 da und recht nett. Nachmittags versuche ich Laden umzuräumen u.s.w. Wohnung ist ganz schön, nur wohnen 4 Kinder über uns. Wenn es irgendwie geht, behalte das Haus! Leider noch kein Telefon, sobald ich es habe (1 Woche?) ruf ich Dich gleich an. Manfred macht zu Ostern 10 Tage Urlaub, da wird er sich hoffentlich derfangen[2], derzeit ist er ein Nervenbündel u. ich bin leider auch kein Fels im Meer im Augenblick. Etliche Handwerker sind noch zu behandeln. Die Eßzimmerdecke kommt erst in 3 Wochen, könnte längst da sein, aber Manfred war so entschlußlos. In der Küche noch ein Kastel u. Sesselleisten im Vorzimmer u.s.w. Aber in großen Zügen ist alles so weit. Wenn ich das Telefon hätte, täte ich mich leichter. So sind alle schwer zu erreichen.
Meine Eltern waren süß, haben sich so gefreut. Vater weinte u. lachte gleichzeitig. Mama schickt Dir viele Bussi, Vater auch, nur weiß er nicht genau, wem. Sei umarmt, liebe Keta. Vielleicht machen wir einen Haupttreffer u. fahren miteinander nach England. Bussi an die ganze Familie. Die Deinige.

Morgen koch ich mir Haferflocken![3]

Marlen Haushofer mit Sohn Christian, 1954

Erzählungen

Marlen Haushofer mit Sohn Manfred, 1954

1. Weihnachtsausflug in die Wirklichkeit[1]

Um halb zehn Uhr Abends, am 22. Dez. schob Frau Rosner das letzte Blech mit Bäckereien ins Backrohr.

Den ganzen Nachmittag war sie in der Küche gestanden u. die Füße taten ihr weh. Aber eigentlich taten die Füße immer weh und sie beachtete es nicht mehr. Da sie keine dumme Frau war, machte sie sich häufig Gedanken über die Arbeit, die sie leistete. Lange schon war sie zur Überzeugung gekommen, daß das Weihnachtsfest in ihrer Familie von Jahr zu Jahr überflüssiger wurde.

Es hatte doch garkeinen Sinn, daß sie wochenlang arbeitete wie eine Besessene u. am heiligen Abend vor Müdigkeit fast vom Sessel fiel. Das Herstellen der Bäckereien war wohl nur eine Zeitverschwendung. Ihr Mann mochte Süßigkeiten überhaupt nicht u. die Kinder hätten ebenso gern Torten u. Cremeschnitten aus der Konditorei gegessen. Eigentlich waren die Kinder ja keine Kinder mehr mit ihren 18 u. 16 Jahren, aber in stillschweigendem Übereinkommen wurden sie weiterhin behandelt als solche Da sie beide gutmütig und wohlerzogen waren, ließen sie es sich, leicht gelangweilt, gefallen weiterhin bemuttert zu werden. Außerdem war es für sie ja auch ganz bequem so. Fritz wußte längst, daß er eine neue Schiausrüstung bekommen würde u. Ilse hatte ihr neues Tanzkleid u. die Sandaletten sogar schon probiert. Beide wußten auch, daß sie diese Dinge auch ohne Weihnachtsfest bekommen hätten, aber sie würden den Eltern zuliebe die vorgeschriebene Überraschung heucheln. Was, um Himmels willen, hätten sie auch sonst tun sollen.

Frau Rosner ließ sich auf einen Sessel fallen u. starrte auf ihre Hände nieder.

Wozu das ganze Theater dachte sie resigniert. Aber sie

wußte genau daß sie nicht fähig war irgend etwas daran zu ändern. Erstens fehlte ihr die Kraft die man braucht um umstürzlerisch zu wirken u. zweitens war sie sich im Klaren darüber, daß sie einfach nicht wußte, was sie an Stelle der alten Bräuche hätte einführen können. Jedermann erwartete von ihr, daß sie spätestens zu Nikolo mit den Weihnachtsvorbereitungen anfing und erst wieder nach Neujahr ihr gewohntes Leben aufnehmen konnte. Es war eine einzige lange Plage für jede Hausfrau und für die übrige Familie eine Reihe langweiliger, Faulenzertage. Frau Rosner seufzte tief und da war das böse Stechen in der Brust wieder. Vielleicht hatte sie sich beim Fensterputzen erkältet. Sie wunderte sich, denn sie wurde nie wirklich krank. Sie durfte ja garnicht krank werden, die Folgen waren nicht auszudenken.

Die Wirklichkeit. Eine Weihnachtsgeschichte[1]

Wozu plage ich mich eigentlich? fragte sich Frau Rosner und hielt inne und schob das letzte Blech voll Kekse ins Backrohr. Dann ließ sie sich auf den Küchensessel sinken u. starrte auf ihre Hände.

Wozu plage ich mich eigentlich? Was für eine Frage? Noch nie im Leben war ihr etwas derartiges eingefallen. Sie fühlte sich verwirrt u. unzufrieden.

Aber wozu buck sie wirklich jedes Jahr vor Weihnachten Berge kleiner Bäckereien, die zwar aufgegessen wurden, aber völlig überflüssig waren. Ihr Mann machte sich nichts aus Bäckereien, Ilse mochte viel lieber Torten aus der Konditorei – dieses fade süße Cremzeug u. Fritz mit seinen 16 aß alles ohne Unterschied auf, was überhaupt eßbar war. Mamas Bäckereien waren ihm nicht mehr als ein Apfel oder Kaugummi – ein Mittel gegen Langeweile. Später würde er ein starker Raucher werden – auch aus Langeweile. Warum stand sie also bis zum letzten Augenblick in der Küche und häufte frische Kekse u. auf die Platte. Früher einmal war es etwas anderes gewesen, damals als man diese Süßigkeiten nur einmal im Jahr bekam u. ausgehungert war darnach – aber heute? Genauso war es mit den Orangen, Nüssen u. Datteln. Jeden Tag bekamen die Kinder Obst, was sollte dann am Weihnachtsabend noch besonders daran sein. Was für einen Sinn hatte es, den Christbaum mit Süßigkeiten vollzuhängen, die die Kinder das ganze Jahr hindurch beim Kaufmann holen konnten.

Frau Rosner, mitgerissen durch ihre kleine Revolution ging noch weiter. Wozu überhaupt den Christbaum, wenn seit Wochen alle Auslagen vor Christbäumen starrten. Und was sollte man Kindern schenken die nur den Mund auftun brauchten um ihre Anoraks, Pettycoats,

Pelzschuhe u. Schiausrüstungen zu bekommen u. gestern ein Tanzkleid heute spitze Schuhe u. morgens das neue Universum – weil der Max es längst besaß. Und warum zum Kuckuck mußte sie einmal im Jahr ihrem Mann Kravatten, Schallplatten u. Zigaretten kaufen – die er mit einem gewohnheitsmäßigen Dankeslächeln entgegennahm u. sich dabei dachte: na schön, es ist ja zwar von meinem Geld u. ich hätte mir etwas anderes ausgesucht, aber sie meint es gut. Und warum mußte ihr Mann ihr eine elegante Handtasche kaufen, die das zehnfache mehr kostete als sie wert war und in der Farbe zu nichts paßte. Natürlich man konnte sie umtauschen – er merkte es nicht einmal, aber sie brauchte die Tasche ja garnicht, denn bei dem ständigen Wechsel der Mode und einer fast erwachsenen Tochter, war natürlich garnicht daran zu denken einmal alles beisammen zu haben was eine gutangezogene Frau angeblich brauchte. Wenn Frau Rosner in den Frauenzeitschriften blätterte, hatte sie immer das Gefühl hoffnungslos altmodisch u. zurückgeblieben zu sein. Sie nahm keine Vitaminkräuterbäder, trank ungern Tomatensaft, besaß keine Plazentacreme, kein Makeup, keine seidenen Hausanzüge und weder einen Nerz noch einen Persianer. Sie ließ sich nie massieren, öffnete ihr Poren nicht mit Hilfe von Dampfbädern u. trug kein lila Korsett. Sie litt aber kaum unter diesen Entbehrungen, denn eher taten ihr die Frauen leid, die jeden Tag derartige Torturen ertragen mußten, vorausgesetzt daß es diese Frauen anderswo als in Illustrierten gab. Wenn Herr Rosner nicht schief angesehen werden wollte, mußte er seiner Frau ab und zu ein Kleid kaufen, einen Hut oder eine Tasche. Das war seine Pflicht. Wozu also eine Tasche zu Weihnachten schenken, wenn sie sich doch nur dachte: schade um das Geld u. ein Paar Schuhe wäre nötiger gewesen.

Und diese Tante Olga, die wiederum einen neuen Porzellanhund bekommen mußte und die arme Großmama der man schenken konnte was man wollte, weil sie sich doch über nichts mehr freuen konnte u. der alte Onkel Otto – der nicht trank, nicht rauchte, kein Buch las und neue Kravatten verabscheute.

Frau Rosner seufzte tief und wunderte sich, wie müde sie war. Ich hätte mich garnicht setzen dürfen, dachte sie, man darf einfach nicht aufhören mitten in der Arbeit. Es war ja schon viel geschehen. Die Wohnung war gründlich geputzt, tagelang war sie auf den Knien gelegen. Auch die Fenster strahlten in neuem Glanz. Ob sie sich vielleicht dabei erkältet hatte. Es stach immer so merkwürdig in der Seite. Aber woher denn, sie wurde nie krank u. konnte sich auch garnicht leisten krank zu werden. Denn der ganze Wohlstand war doch nur möglich, wenn sie u. Papa gesund waren u. arbeiten konnten.

Sie lebten ja eigentlich immer an der Grenze. Ewige Ratenzahlungen die Kinder wurden immer anspruchsvoller. Sie waren ganz nette gute Kinder, aber sie kannten es eben nicht anders u. schamhaft verschwiegen ihnen die Eltern, wieviel Mühe es sie gekostet hatte dieses zerbrechliche Wohlstandsleben aufzubauen.

Frau Rosner stand auf und sah in den Kühlschrank. Alles war da, was da sein mußte. Die Gans, der gekochte Schinken, auf alle Fälle ein Schweinebraten und eine Menge Aufschnitt. Sie hörte die Stimmen ihres Mannes u. der Kinder aus dem Wohnzimmer u. ein kalter Schauer lief über ihren Rücken. Das Fernsehen schien zu Ende zu sein. Die Bäckereien fielen ihr wieder ein, sie riß sie aus dem Rohr. Gerade noch gerettet. Irgend etwas stimmte nicht mit ihr.

Der Mann u. die Kinder kamen in die Küche, sagten Gute Nacht u. verschwanden in den Schlafzimmern, gewohnheitsmäßig ein wenig murrend über Mamas Aufbleiben. Frau Rosner ging ins Wohnzimmer, holte das

Fieberthermometer aus der Lade u. steckte es in die Achselhöhe. Ihr Kopf war schwer u. dumpf und das Stechen war ärger geworden. Wenn sie Fieber hatte, war sie krank, wenn nicht, würde sie die Schmerzen ignorieren. Sie hatte 38.5 Fieber und nahm zur Kenntnis daß sie wirklich sehr krank war. Sofort begann ihr Hirn zu arbeiten. Es blieben ihr noch ein paar Stunden Zeit, aber dann mußte sie wohl nachgeben. Sie kramte den Christbaumschmuck aus dem Kasten, stellte ihn auf den Tisch u. legte den Christbaumständer und die Süßigkeiten dazu. Den Christbaum aufstellen u. schmücken konnten sie wohl allein besorgen.

Auch ihre Geschenkpäckchen, nett beschriftet legte sie darunter u. ein weißes Tischtuch. Morgen hatten ja die Kinder keine Schule u. Ilse mußte sich eben behelfen. Nachmittags war ja Papa schon zu Hause. In der Küche gab es noch eine Menge Arbeit. Frau Rosner schob die Hähnchen ins Rohr und den Braten, legte den Aufschnitt auf eine Platte und schlug das Obers mit dem sie die Nußtorte füllen wollte. Sie bekam sehr wenig Luft dabei und wurde zornig. Umso schneller war das Schlagobers fertig. Die Torte sah gefüllt u. verziert sehr prächtig aus u. da es in der Küche kühl war, würde sie sich wohl halten. Das Rühren der Mayonaise bereitete schon mehr Schwierigkeiten aber Frau Rosner wußte, sie durfte einfach nicht nachgeben, sonst war es vorbei mit der Arbeit. Sie schnitt Gemüse u. Gurken fein und öffnete die Dose mit den grünen Erbsen und rührte alles in die Mayonaise. Es sah sehr hübsch aus, gelb, grün u. rot, aber Frau R. schüttelte sich vor Ekel u. stellte die Schüssel in den Eisschrank. Die Hähnchen u. der Braten mußten begossen werden, sie fingen schon an braun zu werden. Der Geruch machte sie ganz krank.

Jetzt mußten noch die Mehlspeisen aufgeschnitten u. auf eine Platte gelegt werden, nicht zuviel – Ilse konnte ja nachfüllen. Frau Rosner sah noch einmal ihre Vorräte durch u. sah daß alles vorhanden war, nur Brot u. Milch mußte Ilse besorgen. Sie holte einen stumpfen Bleistift aus der Lade u. schrieb stehend (sitzen war zu gefährlich) auf der Rückseite einer alten Rechnung.

Liebe Ilse!
Du mußt nur noch Brot (1 Laib Bauernbrot 1 großer Sandwichwecken, vorsichtshalber 2 Päckchen Pumpernickel) und 1 Liter Milch besorgen. Sonst ist alles da. Ja, eventuell nimm noch 2 Kilo Äpfel für Fritz, daß er nicht dauernd die teuren Birnen u. Mandarinen ißt. Sperr die Mehlspeisen vor ihm weg, verlier aber den Schlüssel nicht. Restliches W.G. liegt in der Lade. Wenn ich ernstlich krank werde, holt Tante Olga, aber erst nach den 2 Feiertagen, solange ist alles vorgekocht. Sperr die Wohnung immer gut ab. Am nächsten Dienstag holt die Wäscherei die Wäsche. Wenn du noch etwas dazu gibst, schreib es auf den Zettel dazu, der im Sack liegt. Bleib also *Dienstag vormittag* daheim. Nimm den Aufschnitt mindestens 1 Stunde früher heraus, sonst ist er zu kalt. Die Hühner u. den Braten brauchst Du nur heiß werden lassen.

Zieht Euch warm an, wenn ihr in die Kirche geht (Papa grauer Schal!) u. Du schau besonders auf Dich, denn Du mußt mich vertreten. Schadet Dir sowieso nicht.

Merke: 1. abends Gashaupthahn abdrehen

2. Dauerbrand nicht zu früh abdrehen, sonst geht er aus. (Keine glühende Kohle auf den Boden fallen lassen.)

3. Tür gut versperren.

Fritz *muß* Latein lernen in den Ferien. Kümmere dich um Papa, daß er nicht trübsinnig wird. Ich schreib das alles auf, daß Du nachschauen kannst. Vom Zuhören merkst Du Dir doch nichts u. wer weiß wie krank ich werde. Wasch das Geschirr immer gleich ab. Sonst freut

Dich überhaupt nichts mehr (wichtig!). Morgen mittags machst Du eine Pilzsuppe (Päckchen liegt auf dem Tisch) u. gibst nachher warmen Schinken (im Wasserbad warmmachen). Sonst müßt Ihr mittags nichts haben. Alles andere ist für abends und morgen. Den Baum putzt Ihr schon auf (Papa u. Fritz ginge es doch ab)
Mutter

Frau Rosner legte den Zettel auf den Tisch u. das Suppenpäckchen darauf. Der Braten mußte begossen werden u. sein Geruch wurde immer unerträglicher. Frau Rosner fror u. zitterte, gleich darauf stieg ihr eine Hitzewelle bis ins Gesicht. Sie stellte das ganze Geschirr zusammen u. fing an es abzuwaschen. Als sie fertig war u. auch alles getrocknet hatte, blickte sie um sich u. sah, daß der Boden schon wieder schmutzig war – kein weihnachtlicher Anbl[ick]. Sie füllte einen Kübel mit heißem Wasser und fing an aufzuwaschen. Es war als wäre sie doppelt vorhanden – eine kranke Frau mit Fieber, Stichen in der Seite und eine Frau die voll Schwung und Eifer den Boden wusch. Es war sehr komisch u. sie mußte lachen bis ihr Tränen über die Wangen liefen. Als alles endlich sauber war u. Hähnchen u. Braten auf dem Tisch standen, öffnete Frau Rosner das Fenster. Die kalte Nachtluft tat ihr wohl aber sie konnte nicht richtig u. tief atmen.

Auf Zehenspitzen schlich sie ins Bad, wusch sich gründlich, packte ihre Toilettsachen, zwei Nachthemden Schlafrock u. Pantoffel in einen kleinen Koffer und schlüpfte ins Schlafzimmer. Ihr Mann hörte sie nicht, als sie ins Bett glitt.

Die Nacht war ein Alptraum von Heiß, Kalt, auf u. ab u. wirren Träumen – Frau Rosner sagte sich mit dem Restchen klaren Bewußtsein das ihr geblieben war: es geht vorbei u. das tat es auch wirklich. Am Morgen hatte sie 40 Fieber u. ihr Mann holte den Arzt. Es war genauso wie sie hatte, sie war sehr krank.

Wie gut, daß alles besorgt war u. sie sich in die Krankheit fallen lassen konnte.

Im weißen Spitalbett streckte sie sich seufzend aus.

Das Fieber spielte mit ihr heiß und Kalt u. auf u. ab, u. manchmal stach es noch in der Brust. Die Schwester hatte ihr eine Injektion gegeben u. sie fing an sehr müde zu werden. Es war, als habe sich die Müdigkeit der ganzen Welt auf sie gesenkt. Da zu Weihnachten, alles was kann nach Hause gegangen war, lag sie allein in einem Vierbettzimmer. Die weißen Polster sahen so freundlich u. sauber aus, vor dem Balkonfenster stand ein kahler Baum vor dem weißgrauen Himmel. Schon lange hatte Frau Rosner keinen Baum so bewußt sehen können. Er war sehr schön mit seinem zarten braunen Geäst. Unter der sanften Fieberwolke wußte Frau Rosner genau, daß sie nächstes Jahr wieder putzen, kochen u. backen würde – aber dieses Wissen konnte nicht vordringen bis die schwebende Freude die sie ganz erfüllte: allein zu sein mit weißen Kissen, einem Baum vor dem Fenster in einer Wirklichkeit, die einmal ihre Wirklichkeit gewesen war u. die sie längst vergessen hatte. Aber es gab sie noch immer u. sie winkte mit braunen dünnen Zweigen vor dem weißen Himmel. In den Straßen der Stadt eilten die gehetzten Frauen von Geschäft zu Geschäft, beladen mit Taschen, Netzen u. Päckchen, aber Frau Rosner lag im Bett, entspannt und glückselig. Ich darf es nur nicht wieder vergessen, dachte sie – nicht vergessen. Die Zweige vor dem Fenster stiegen auf u. nieder und ein sanfter Schwindel zwang Frau Rosner die Augen zu schließen.

Texte

Marlen Haushofer, Anfang der 50er Jahre

Notiz ohne Datum[1]

Theater
Mann hält sich 3 Frauen
1. verdient
2. erzieht Kinder
3. macht Haushalt u. Geliebte
Beschließen Mann auszuschalten.
Ende?

Schriftsteller wird von seiner Frau verwöhnt, bringt nichts zusammen, schließlich schreibt die Frau

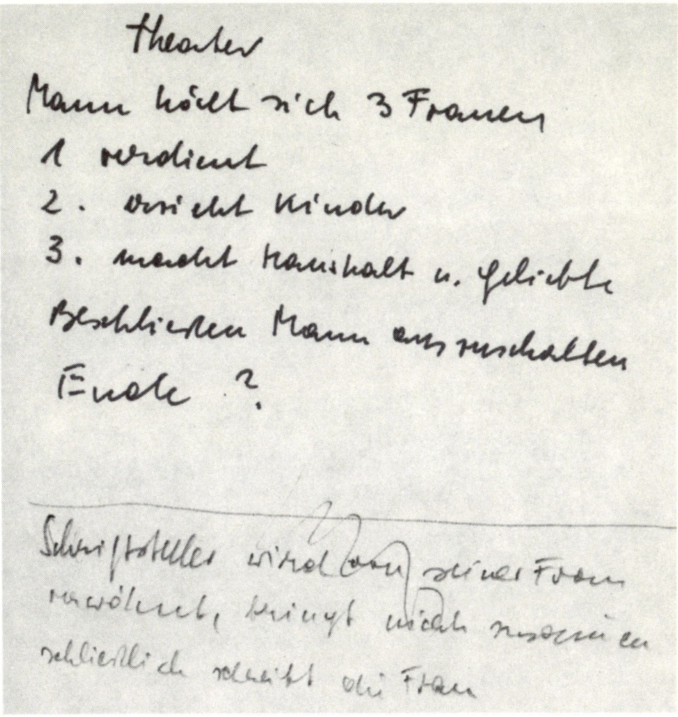
Theater
Mann hält sich 3 Frauen
1 verdient
2. erzieht Kinder
3. macht Haushalt u. Geliebte
Beschließen Mann auszuschalten
Ende ?
Schriftsteller wird von seiner Frau verwöhnt, bringt nichts zusammen
schließlich schreibt die Frau

Notiz ohne Datum

Mein Geliebter ist aus Stein[1]

6. September 1969

Mein Geliebter ist aus Stein und besitzt nur einen Kopf.

Er steht in Ostia Antika in einem Museum. Er weiß nicht, daß ich ihn liebe, denn er ist ungefähr tausend Jahre tot. Was sind schon tausend Jahre. Er ist lebendiger als ich. Sein Mund und seine Augen haben mich geweckt. Ich könnte ihn küssen u. er wüßte es nicht. Die angenehmste Form der Liebe wäre uns beschieden. Sein steinerner Mund ist spöttisch u. ein bißchen grausam, vielleicht auch nur hoffnungslos und zynisch, denn damals fingen sie an den Tod zu begreifen. Früher kannten sie nur den Genuß u. das Ende rasch oder qualvoll aber unverständlich und deshalb nicht bitter.

Alles war in Ordnung. Das Leben war bitter u. schön u. gleich darauf zu Ende. So war es. Und plötzlich geschah etwas in ihren Hirnen u. sie erkannten, daß sie die Betrogenen waren. Sie nannten, das Ding Seele, das ihnen das eingebrockt hatte. Einzelne fingen an Frauen zu lieben oder überhaupt zu lieben, weil der Gedanke sie zu verlieren plötzlich weh tat. Es gab nicht mehr vertauschbare Körper sondern unvertauschbare Augen, Gerüche u. Münder, Erinnerungen. Dies war die zweite große Mutation und der Mensch fing an wirklich zu leiden, denn die Seele war erfunden.

Blandula vagula, das Schmeichelseelchen. Ein Schmeichelseelchen zu verlieren ist bitterer als als Lunge, Leber, Hirn u. Herz in einem Winkel zu verwesen. Nicht alle wußten es zunächst, nur einige. Ein greller Blitz durchzuckte ihr Gehirn u. ihre Augen sahen die Dinge, die sie verlassen mußten u. sie wußten, daß es keine Rückkehr u. kein Wiedersehen gibt. Darüber wurden sie verrückt. Sie taten das Böse nicht mehr unschuldig wie Tiere sondern bewußt u. verzweifelt und der heutige Mensch wurde geboren.

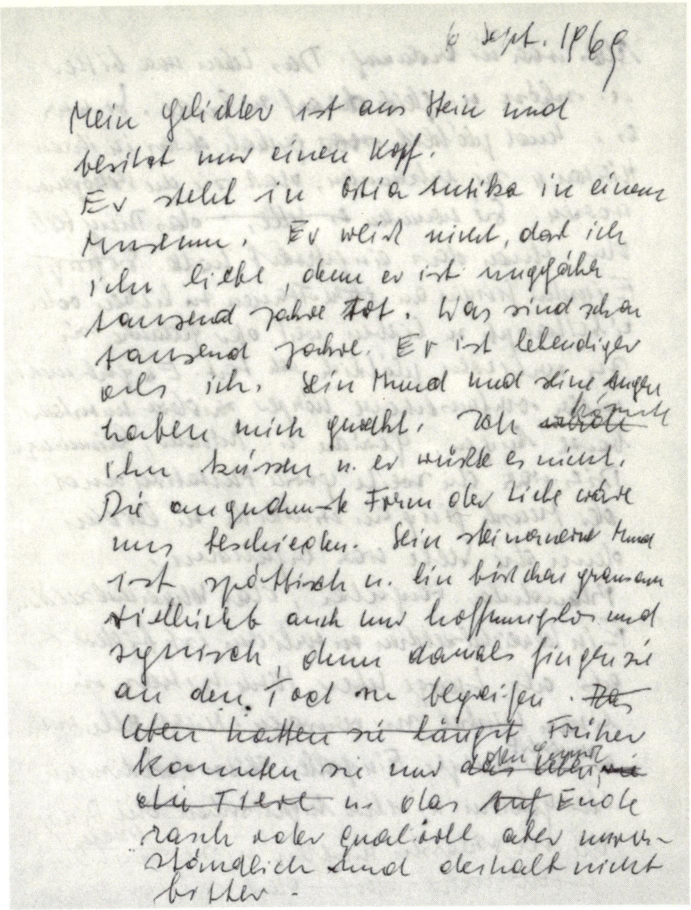

6 Sept. 1969

Mein Geliebter ist aus Stein und besitzt nur einen Kopf.
Er steht in Ostia Antika in einem Museum. Er weiß nicht, daß ich ihn liebe, denn er ist ungefähr tausend Jahre tot. Was sind schon tausend Jahre. Er ist lebendiger als ich. Sein Mund und seine Augen haben mich gequält. Ich ~~wollte~~ könnte ihn küssen u. er würde es nicht. Die ausgedrückte Form der Liebe wäre [illegible]. Sein steinerner Mund ist spöttisch u. ein bißchen grausam [illegible] auch und hoffnungslos und zynisch, denn damals fingen sie an den Tod zu begreifen. ~~Das Leben hatten sie längst~~ Früher konnten sie nur ~~das Leben~~ [illegible] ~~die Tiere~~ u. das ~~auf~~ Ende rasch oder qualvoll aber unverständlich und deshalb nicht bitter.

Mein Geliebter ist aus Stein: erste Seite des Manuskripts

Mein Geliebter aus Stein steht in Ostia Antika und war einer von ihnen. Er war sehr stolz, sehr böse u. sehr verzweifelt. Er würde mich, könnten seine Steinaugen mich sehen, aber Steinaugen sehen nicht, verachten, denn ich bin nicht stolz, nicht böse u. nicht verzweifelt. Nicht mehr. Ich habe mich ergeben u. würde meine Seele gerne zurückgeben, ich weiß nur nicht wem, kein Mensch mehr sein, sondern die Smaragdeidechse die sich auf Ostias Mosaiken sonnt. Ein Körper der die Sonne aufnimmt, ein winziges Hirn, das nicht denken kann u. für das es nur Gegenwart gibt u. das nicht weiß warum ein Mensch es zertritt. Ein Mensch der eine Seele besitzt u. Eidechsen zertreten muß, wenn er sich nicht den Hals abschneiden will. Mein Geliebter in Ostia Antika. Eines Tages werde ich solange vor dir stehen, bis deine leeren Augenhöhlen mich sehen können Deine Mundwinkel, die schönsten u. bittersten die es gibt, werden zucken u. lachen über das was aus Euch geworden ist. Aber dann vergiß nicht, daß ihr den Anfang gemacht habt. Oder vergiß es, denn ihr habt ihn nicht gemacht. Er ist über Euch gekommen und ihr wart stolz böse und verzweifelt darüber über das was man, wer ist man, Euch u. uns angetan hat. Ich verrate dir ein Geheimnis, das ich in fünfzig Jahren erfahren habe. Die Seele liegt im Sterben. Unsere Nachkommen werden wieder Eidechsen sein, aber Eidechsen mit Hirn u. sie werden für dich u. mich furchtbar sein. Ich werde sie nicht erleben. Dich werden sie zerschlagen u. zu Kalk verbrennen u. wo sind dann unsere Seelen. Sie sitzen unsichtbar in der antiken Bar und lachen Und die Luft wird rauschen vom Gewisper u. Gelächter der Gespensterschar die wir sein werden, u. sie speisen Rettich u. Zwiebel u. trinken Rotwein u. wir werden glücklich u. traurig sein wie es sich für Seelen gehört!

Mach Dir keine Sorgen[1]

Mach Dir keine Sorgen. Du hast zuviel und zu wenig gesehen, wie alle Menschen vor Dir. Du hast zuviel geweint, vielleicht auch zu wenig, wie alle Menschen vor Dir. Vielleicht hast Du zuviel geliebt und gehaßt – aber nur wenige Jahre – zwanzig oder so. Was sind schon zwanzig Jahre? Dann war ein Teil von Dir tot, genau wie bei allen Menschen, die nicht mehr lieben oder hassen können.

Du hast viele Schmerzen ertragen, ungern – wie alle Menschen vor Dir. Dein Körper war Dir sehr bald lästig, Du hast ihn nie geliebt. Das war schlecht für Dich – oder auch gut, denn an einem ungeliebten Körper hängt die Seele nicht sehr. Und was ist die Seele? Wahrscheinlich hast Du nie eine gehabt, nur Verstand, und der war nicht bedenkend der Gefühle. Oder war da manchmal noch etwas anderes? Für Augenblicke? Beim Anblick von Glockenblumen oder Katzenaugen und des Kummers um einen Menschen, oder gewisse Steine, Bäume und Statuen; der Schwalben über der großen Stadt Rom.

Mach Dir keine Sorgen.

Auch wenn Du mit einer Seele behaftet wärest, sie wünscht sich nichts als tiefen, traumlosen Schlaf. Der ungeliebte Körper wird nicht mehr schmerzen. Blut, Fleisch, Knochen und Haut, alles wird ein Häufchen Asche sein und auch das Gehirn wird endlich aufhören zu denken. Dafür sei Gott bedankt, den es nicht gibt.

Mach Dir keine Sorgen – alles wird vergebens gewesen sein – wie bei allen Menschen vor Dir.

Eine völlig normale Geschichte.

Marlen Haushofer

Steyr, 26.2.1970

Anmerkungen

EINLEITUNG

1 Manuela Reichart: »Vom Ende der Welt«. In: *Die Zeit*, Nr. 42, 14.10.1983.
2 I[ngrid] S[trobl]. In: *Emma*, Nr. 9, September 1983.
3 Hans Weigel: *In memoriam*, Graz/Wien/Köln 1979, S. 88 f.
4 In: Klaus Antes, »Nachwort zu ›Die Wand‹«. In: *Die Wand*, Frankfurt/M; Berlin; Wien 1985, S. 279 (Taschenbuch).
5 In: »Meine Bücher sind alle verstoßene Kinder«. Ein Gespräch mit Dora Dunkl. In: *»Oder war da manchmal noch etwas anderes?« Texte zu Marlen Haushofer*, Frankfurt/M 1986, S. 136.
6 *Himmel, der nirgendwo endet*, Düsseldorf 1985², S. 41.
7 Vgl.: Daniela Strigl, *Marlen Haushofer. Die Biographie*, München 2000.
8 Vgl.: Daniela Strigl, *Marlen Haushofer. Die Biographie*, München 2000.
9 »Wir töten Stella«, in: *Schreckliche Treue*, Düsseldorf 1986, S. 106.
10 *Eine Handvoll Leben*, München o.J., S. 198 (Taschenbuch).
11 *Die Tapetentür*, München o.J., S. 220 f (Taschenbuch).
12 »Die Geschichte vom Menschenmann«, in: *Begegnung mit dem Fremden*, Düsseldorf 1985, S. 228.
13 »Wir töten Stella«, in: *Schreckliche Treue*, Düsseldorf 1986, S. 87.
14 *Die Wand*, Frankfurt/M; Berlin; Wien 1985, S. 66.
15 Maria Frauendorfer, die Mutter, an Marlen Haushofer, o. D., wahrscheinlich Anfang 1969.
16 Manuela Reichart, »Eine völlig normale Geschichte«. In: *»Oder war da manchmal noch etwas anderes?« Texte zu Marlen Haushofer*, Frankfurt/M. 1986, S. 31.
17 *Die Mansarde*, Düsseldorf 1984, S. 21.
18 ebd., S. 47.

1 Marlen Haushofer trug ihre Notizen in ein grünes Tagebuch (Marke: Franz Wedl) ein, das Buch hat einen Ledereinband mit rotem Leseband, »Tagebuch« steht in goldenen Lettern aufgedruckt, es beginnt mit dem 5. Jänner (leere Seite), der erste Eintrag folgte am 12. Jänner. Marlen Haushofer hat sich nicht immer genau an die Tageseinteilungen gehalten. Manchmal hat sie weitergeschrieben, ohne das Datum zu streichen, manchmal hat sie das richtige Datum eingesetzt, manchmal hat sie das aufgedruckte Datum gestrichen.
Es sind vier Zeitspannen erfaßt: Der erste Teil umfaßt die Zeit vom 5. Januar 1967 bis 19. Mai 1967 und ist in Steyr geschrieben. Die erste Romreise mit den drei Freundinnen Angela Mohr-Trenkler (oft Elli genannt, Marlen Haushofer lernte sie im Ursulinenkloster in Linz 1930 kennen, und seither verband sie eine Freundschaft, die bis zum Tod von Marlen Haushofer dauerte), Elfriede Doleschel (verh. Jobsdmann, eine Freundin von Angela Mohr) und Trudl Johnson-Laux (Marlen Haushofer kannte sie seit dem Reichsarbeitsdienst 1939 und blieb ihr zeitlebens freundschaftlich verbunden, bei ihrer Mutter verbrachte der Sohn Christian seine ersten Lebensjahre) bildet den zweiten Teil (Mai 1967). Im dritten Teil wird die zweite Romreise im Mai 1968 dokumentiert, die Marlen Haushofer mit ihrem Ehemann Manfred machte. Den Abschluß bilden die Notizen von der Reise nach Florenz im Oktober 1968, wohin Marlen Haushofer gemeinsam mit Angela Mohr fuhr.
Der Abdruck des Tagebuchs erfolgt nach dem Original. Schreibweise und Zeichensetzungen wurden belassen. Marlen Haushofer verfolgte keine einheitliche Schreibweise einzelner Wörter. So schrieb sie einmal »Göthe« und dann wieder »Goethe«. Und für das bevorzugte Restaurant in Rom, Pollarola, das sie immer wieder erwähnt, wählt sie gleich mehrere Varianten. Die Namen von Sehenswürdigkeiten schrieb sie nach eigenem Gutdünken, ohne sich um Orthographie zu kümmern. Auch hier wurden Marlen Haushofers Schreibweisen übernommen.

In ganz wenigen Fällen konnte ein Wort nicht entziffert werden. Diese Wörter sind mit einem Stern (*) gekennzeichnet.

2 Marlen Haushofers Vater Heinrich Frauendorfer war der dritte von fünf Söhnen. Onkel S. = Onkel Sepp (9.10.1885–24.6.1959) war der zweitälteste.

3 Die Grafen Lamberg waren seit 1660 Besitzer der Herrschaft Lamberg in Steyr, ein Gutsbesitz im Enns- und Steyrtal von 35 000 Hektar Wald. Zur Kinderzeit von Marlens Vater schenkte die damalige Gräfin allen Kindern jeweils zu Weihnachten warme, rötliche »Pudelhauben«, damit sie nicht frieren mußten.

4 Luise war die Schwester von Marlen Haushofers Tante Marianne, Ehefrau des Josef (Sepp) Frauendorfer. Sie starb an Krebs.

5 Erste Reise nach Rom mit Angela Mohr-Trenkler, Elfriede Doleschel und Trudl Johnson-Laux, 20. Mai bis 28. Mai 1967

6 An der antiken Statue des Pasquino auf der Piazza Navona hatten die Römer in der Renaissancezeit Spottgedichte angebracht. Die sogenannten Paquinaden. In der Nähe dieser Statue feierten die vier Freundinnen in einem berühmten Eissalon ihren letzten Rom-Abend. Angela Mohr erzählt: »Ich erinnere mich noch an ein Kichern und Wispeln von Marlen und Trudl, und an öfteres Klo-Gehen, aber wie es dann letztendlich zugegangen ist, das weiß ich nicht, jedenfalls klebte am Pasquino am Rückgang ein Spottgedicht an der Statue mit folgendem Wortlaut:

Reiseleiter miserabel
doch mit wohlgeformtem Nabel
unermüdlich ging der Schnabel
frißt die Nudel mit der Gabel«

7 Die Notizen unter diesem Datum sind auf einem Einzelblatt eingefügt.

8 Marlen Haushofer beginnt die Eintragungen über die zweite Romreise mit ihrem Ehemann Manfred vom 18. Mai bis 31. Mai 1968 im Tagebuch unter 1. Juni. Dieses Datum hat sie durchgestrichen und von Hand 18.5.68 hineingeschrieben. Alle folgenden Daten sind entsprechend korrigiert.

9 Die Eintragungen über die Reise nach Florenz, zusammen mit Angela Mohr-Trenkler, beginnen richtig am 12. Oktober aufgedrucktes Datum im Tagebuch, verschieben sich aber schon am ersten Tag, da Marlen Haushofer nicht genügend Platz hat, um alles aufzuschreiben. In der Folge schreibt sie die Daten von Hand, korrigiert aber die gedruckten nicht.

10 Auf den Blättern vom 27.-30. Dezember folgt eine Aufstellung der Aktivitäten, beginnend am 24. Mai. Es läßt sich nicht genau erschließen, ob sich die Notizen auf beide Romreisen beziehen oder nur auf die zweite im Mai 1968.

BRIEFE

Gerti Menzl, 4. 11. 1937

1 Gerti Menzl besuchte gemeinsam mit Marlen Haushofer das Ursulinenkloster in Linz, das sie jedoch 1936 wieder verließ, da sie mit ihrem Vater nach Wien zog und auch dort zur Schule ging.

Eltern, 25. 8. 1939

1 Marlen Haushofer war vom 23. April 1939 bis 28. September 1939 (5 Monate) freiwillig im Reichsarbeitsdienst in Ostpreußen. Der Brief ist von ihr nicht datiert, trägt aber den Poststempel vom 25.8.39. Der Brief ist adressiert an: Herrrn Heinrich Frauendorfer, P.[ost] Klaus a./P.[yhrnbahn], Oberdonau, Ostmark. Absenderin: M. Frauendorfer RAD 1/12, K[usten] P.[ost] Christburg Ostpreußen.

2 Der Reichsarbeitsdienst dauert für Marlen Haushofer noch 35 Tage bis zur Entlassung am 28. September 1939.

3 Marlen Haushofer war damit beauftragt, bei den Siedlern das Geld einzuziehen und es im nahegelegenen Ort abzuliefern.

4 In einem früheren Brief (10.8.1939) fragt Marlen Haushofer die Eltern, ob sie wohl verschiedene Kleider und Schuhe in Ostpreußen kaufen sollte, da sie ihr dort billiger zu sein schienen.

[5] Peperl Aumayr und Lisl Schramayr waren Schulfreundinnen von Marlen Haushofer in der Klosterschule in Linz.
[6] Redewendung, die besonders große Anstrengungen meint.
[7] Berg am Ende des Effertsbaches (ca. 1100 m).
[8] Onkel Sepp (1885-1959) war ein Bruder von Marlen Haushofers Vater, Oberstudienrat am Realgymnasium Steyr.
[9] Mutz war eine Katze.
[10] In ihren Briefen hat Marlen Haushofer verschiedene Bemerkungen am Seitenrand aufnotiert, die Grüße an den Pfarrer stehen auf der ersten Seite des Briefes, die Bemerkung zu den Äpfeln und Kartoffeln auf der zweiten Seite.

Eltern, 14. 8. 1941

[1] Marlen Haushofer lebte im Sommer 1941 in Wien. Sie hatte kurz zuvor am 30. Juli 1941 ihren ersten Sohn Christian in Bayern geboren.
[2] Die Taufpatin von Marlen Haushofer war Tante Marie, das älteste nicht eheliche Kind von Marlen Haushofers Großvater. Sie wuchs in einem Schweizer Internat auf und wurde Erzieherin in einer böhmischen Grafenfamilie. Einige dieser schon erwachsenen Kinder wurden später »seltsam«, deshalb die Bemerkung, sie sei in ihr Narrenhaus zurückgekehrt.
[3] Peperl Aumayr, Schulfreundin aus der Linzer Zeit, hatte ihren Mann im Krieg verloren.
[4] Onkel Sepp war der Bruder von Marlen Haushofers Vater (vgl. Brief vom 25.8.39), Tante Ma (Marianne) seine Ehefrau.
[5] Bezieht sich auf Trudl Laux, die Freundin, die Marlen Haushofer im RAD gefunden hat (vgl. auch Brief vom 25.8.39), und deren Mutter.
[6] »Stadt Gottes« war eine katholische Zeitschrift, gebunden in einem Jahresband.

Mutter, 4. 9. 1942

[1] Marlen Haushofer lebte 1942 gemeinsam mit ihrem Ehemann Manfred Haushofer in Wien im 18. Bezirk an der Gentzgasse 135.

[2] Manfred Haushofer war 1942 einige Zeit im Luftwaffenlazarett in Arnsteten tätig.
[3] Onkel Stach war der Bruder von Marlen Haushofers Mutter. Sein richtiger Name war Eustachius Leitner, Diplom-Ingenieur, Förster in Schörfling am Attersee. Er wurde Onkel Stach oder Onkel Stachi genannt.

Hans Weigel, 23. 7. [1952]

[1] Marlen Haushofer verwendete für diesen Brief Briefpapier mit folgendem Aufdruck: Marlen Haushofer, STEYR, OBERÖSTERREICH, BERGGASSE 81.
[2] Der Brief ist ohne Jahrzahl datiert, dürfte aber von 1952 sein, da Haushofers zu dieser Zeit an der Berggasse wohnten und Marlen Haushofer Hans Weigel noch siezte.

Hans Weigel, 15. 10. 1963

[1] Marlen Haushofer verwendete für diesen Brief Briefpapier mit dem Aufdruck: Marlen Haushofer, Steyr, Taborweg 19.

Jeannie Ebner, 15. 4. 1966

[1] Marlen Haushofer schätzte Bertolt Brecht sehr.
[2] Gesellschaft für Literatur in Wien.
[3] Notiz am linken Seitenrand angebracht.

Jeannie Ebner, 31. 1. 1968

[1] Marlen Haushofer schrieb diesen Brief mit der Schreibmaschine, was für sie unüblich war.
[2] Marlen Haushofer wechselte 1967 vom Sigbert Mohn Verlag, der zu Bertelsmann kam, zum Claassen Verlag in Düsseldorf.
[3] Das Postskriptum fügte Marlen Haushofer in Handschrift bei.

Manfred Haushofer

[1] Im Oktober 1968 unternahm Marlen Haushofer mit ihrer Freundin Angela (Elli) Mohr eine Reise nach Florenz (vgl. auch Tagebuch). Ihrem Ehemann Manfred schickte sie mehrere Postkarten mit kurzen Reiseberichten, ähnlich denjenigen im Tagebuch.

[2] Auch Angela Mohr unterzeichnet die Karte.

[3] Das Gedicht wurde von Angela Mohr geschrieben.

Erwin Barth von Wehrenalp, 1969

[1] Dieser handschriftliche Brief muß von Anfang 1969 stammen, anscheinend als Reaktion Marlen Haushofers auf einen Brief mit Genesungswünschen und wohl auch Rosen, die Herr von Wehrenalp im Namen des Verlags der Autorin zukommen ließ.

Käthe Frauendorfer, 26. 3. 1969

[1] Käthe Frauendorfer war die zweite Frau von Onkel Hans, dem jüngsten Bruder von Marlen Haushofers Vater. Sie war wesentlich jünger als ihr Mann, und die beiden Frauen hatten vor allem in der Zeit von Marlen Haushofers Krankheit eine enge Beziehung. Marlen Haushofer war während ihrer Spitalaufenthalte in Wien oft bei ihrer Tante.

[2] Dialekt für »sich erfangen«, also »sich erholen«.

[3] Diese Bemerkung notierte Marlen Haushofer am linken Seitenrand.

ERZÄHLUNGEN

1. Weihnachtsausflug in die Wirklichkeit

[1] Die Geschichte befindet sich im Nachlaß und ist bis jetzt noch nie in Buchform veröffentlicht worden. Ob sie bereits in einer Zeitung oder Zeitschrift abgedruckt wurde, ließ sich nicht

nachweisen. Im Manuskript sind zahlreiche Korrekturen bzw. Streichungen, wie aus dem folgenden Textabdruck deutlich wird:

1. Weihnachtsausflug in die Wirklichkeit

Um halb zehn Uhr Abends, am 22. Dez. schob Frau Rosner das letzte Blech mit Bäckereien ins Backrohr.

~~Sie war müde~~ Den ganzen Nachmittag war sie in der Küche gestanden u. die Füße taten ihr weh. Aber eigentlich taten die Füße immer weh und sie beachtete es nicht mehr. Da sie keine dumme Frau war, machte sie sich häufig Gedanken über die Arbeit, die sie leistete. ~~u. es war ihr ganz klar, daß es nicht nötig war.~~ Lange schon war sie zur Überzeugung gekommen, daß das Weihnachtsfest in ihrer Familie ~~mehr u.~~ von Jahr zu Jahr ~~mehr zu einer Farce wurde~~, überflüssiger wurde. ~~Zumindest in der Art das ganze Drum u. Dran, dieser Aufwand an Kräften~~

~~Ihr Mann~~ Es hatte doch garkeinen Sinn, daß sie wochenlang arbeitete wie eine Besessene u. am heiligen Abend vor Müdigkeit fast vom Sessel fiel. Das Herstellen der Bäckereien war ~~a~~ wohl nur eine Zeitverschwendung. Ihr Mann mochte Süßigkeiten überhaupt nicht u. die Kinder hätten ebenso gern Torten u. Cremeschnitten aus der Konditorei gegessen. Eigentlich waren die Kinder ja keine Kinder mehr mit ihren 18 u. 16 Jahren, aber in stillschweigendem Übereinkommen wurden sie weiterhin behandelt als solche ~~Wahrscheinlich g~~ Da sie beide gutmütig und ~~g~~ wohlerzogen waren, ließen sie es sich, leicht gelangweilt, gefallen weiterhin bemuttert zu werden. Außerdem war es für sie ja auch ganz bequem so. Fritz wußte längst, daß er eine neue Schiausrüstung bekommen würde u. Ilse hatte ihr neues Tanzkleid u. die Sandaletten sogar schon probiert. Beide wußten auch, daß sie diese Dinge auch ohne Weihnachtsfest bekommen hätten, aber sie ~~stellten sich~~ würden den Eltern zuliebe die vorgeschriebene Überraschung heucheln. Was, um Himmels willen, hätten sie auch sonst tun sollen.

Frau Rosner ließ sich auf einen Sessel fallen u. starrte auf ihre Hände nieder.

Wozu das ganze Theater dachte sie resigniert. Aber ~~wie ko~~

sie wußte genau daß sie nicht fähig war irgend etwas daran zu ändern. Erstens fehlte~~n~~ ihr die Kraft die man braucht um umstürzlerisch zu wirken u. zweitens war sie sich im Klaren darüber, daß sie einfach nicht wußte, was sie an Stelle der alten Bräuche hätte einführen können. Jedermann erwartete von ihr, daß sie spätestens zu Nikolo mit den Weihnachtsvorbereitungen anfing und erst wieder ~~im Ja~~ nach Neujahr ihr gewohntes Leben aufnehmen konnte. Es war eine einzige lange Plage für jede Hausfrau und ~~auch~~ für die übrige Familie eine Reihe langweiliger, ~~faule~~ Faulenzertage. Frau Rosner seufzte tief und da ~~stach es wi~~ war das böse Stechen in der Brust wieder. Vielleicht hatte sie sich beim Fensterputzen erkältet. Sie wunderte sich, denn sie wurde nie wirklich krank. Sie durfte ja garnicht krank werden, die Folgen waren nicht auszudenken.

DIE WIRKLICHKEIT

[1] Die Geschichte befindet sich im Nachlaß und ist bis jetzt noch nie in Buchform veröffentlicht worden. Ob sie bereits in einer Zeitung oder Zeitschrift abgedruckt wurde, ließ sich nicht nachweisen. Die Erzählung »Die Wirklichkeit. Eine Weihnachtsgeschichte« und »1. Weihnachtsausflug in die Wirklichkeit« scheinen zusammenzugehören. Im Heft, in dem sie aufgeschrieben sind, stehen sie unmittelbar hintereinander.
Marlen Haushofer hat ihre Erzählungen wie auch ihre längeren Texte wie Novellen und Romane von Hand geschrieben, meist in ein Heft im Format A4 oder A5.
Im Manuskript hat es zahlreiche Korrekturen bzw. Streichungen, die übernommen wurden. Doppelte Streichungen werden mit ~~[Wort]~~ angegeben. Damit wird auch im folgenden Abdruck deutlich, wie Marlen Haushofer gearbeitet hat. Dabei ist nicht ganz klar, ob Marlen Haushofer den ganzen Abschnitt von »Wenn Frau Rosner in den Frauenzeitschriften blätterte ...« bis »Das war seine Pflicht.« durchgestrichen hat oder nur den einen Satz, der durchgestrichen gelassen wurde.

Die Wirklichkeit. Eine Weihnachtsgeschichte

~~Die Fremde~~

~~Wie jedes Jahr~~ Wozu plage ich mich eigentlich? fragte sich Frau Rosner ~~und hielt inne~~ und schob das letzte Blech voll Kekse ins Backrohr. Dann ließ sie sich auf den Küchensessel sinken u. starrte auf ihre Hände ~~zum Fenster hinaus. Es gab dort gar nichts zu sehen, zumindest nichts Erfreuliches – die gegenüberliegende Hauswand – grau u. schmutzig u. die ewig ungeputzten Fenster einer Frau, die sie nur vom Sehen kannte.~~
Wozu plage ich mich eigentlich? Was für eine Frage? Noch nie im Leben war ihr etwas derartiges eingefallen. Sie fühlte sich verwirrt u. unzufrieden.
Aber wozu buck sie wirklich jedes Jahr vor Weihnachten Berge kleiner Bäckereien, die ~~dann umherstanden~~ zwar aufgegessen wurden, aber völlig ~~nun~~ überflüssig waren. Ihr Mann machte sich nichts aus Bäckereien, Ilse,~~d~~ ~~die Tochter war ein wenig überlebensgroß u. zu üppig geraten u. die Tochter~~ mochte viel lieber Torten aus der Konditorei – dieses fade süße ~~Schaum~~ Cremzeug u. ~~Erich~~ Fritz mit seinen 16 Jahren ~~aß alles was überhaupt eßbar war stopfte täglich Waffeln u. Schokolade in sich hinein~~ aß alles ohne Unterschied auf, was überhaupt eßbar war. ~~Mut~~ Mamas Bäckereien waren ihm nicht mehr als ein Apfel oder Kaugummi – ein Mittel gegen Langeweile. Später würde er ein starker Raucher werden – auch aus Langeweile. Warum stand sie also bis zum letzten Augenblick in der Küche und häufte ~~neue~~ frische Kekse u. auf die Platte. Früher einmal war es etwas anderes gewesen, damals als man diese Süßigkeiten nur einmal im Jahr bekam u. ausgehungert war darnach – aber heute? ~~Jeden Wenn man jeden Tag~~ Genauso war es mit den Orangen, Nüssen u. Datteln. Jeden Tag bekamen die Kinder Obst, was sollte dann am Weihnachtsabend noch besonders daran sein. Was für einen Sinn hatte es, den Christbaum mit Süßigkeiten vollzuhängen, die die Kinder das ganze Jahr hindurch beim Kaufmann holen konnten.
Frau Rosner, ~~versunken~~ mitgerissen durch ihre kleine Revolution ging noch weiter. Wozu überhaupt den Christbaum, wenn

seit Wochen alle Auslagen vor Christbäumen starrten. Und was sollte man Kindern schenken die ~~ja~~ nur den Mund auftun brauchten um ihre Anoraks, Pettycoats, Pelzschuhe u. Schiausrüstungen zu bekommen u. gestern ein Tanzkleid heute spitze Schuhe u. morgens das neue Universum – weil der Max es längst besaß. Und warum zum Kuckuck mußte sie einmal im Jahr ihrem Mann Kravatten, Schallplatten u. Zigaretten kaufen – die er ~~zwar~~ mit einem gewohnheitsmäßigen Dankeslächeln entgegennahm u. sich dabei dachte: na schön, es ist ja zwar von meinem Geld u. ich hätte mir etwas anderes ausgesucht, aber sie meint es gut. Und warum mußte ihr Mann ihr eine elegante Handtasche kaufen, die ~~viel~~ das zehnfache mehr kostete als sie wert war und in der Farbe zu nichts paßte. Natürlich man konnte sie umtauschen – ~~aber~~ er merkte es nicht einmal, aber sie ~~mußt~~ brauchte die Tasche ja garnicht, denn bei dem ständigen Wechsel der Mode und einer fast erwachsenen Tochter, war natürlich garnicht daran zu denken einmal alles beisammen zu haben was eine gutangezogene Frau angeblich brauchte. Wenn Frau Rosner in den Frauenzeitschriften blätterte, hatte sie immer das Gefühl hoffnungslos altmodisch u. zurückgeblieben zu sein. Sie nahm keine Vitaminkräuterbäder, trank ungern Tomatensaft, besaß keine Plazentacreme, kein Makeup, keine seidenen Hausanzüge und weder einen Nerz noch einen Persianer. Sie ließ sich nie massieren, öffnete ihr Poren nicht mit Hilfe von Dampfbädern u. trug kein lila Korsett. Sie litt aber kaum unter diesen Entbehrungen, ~~denn~~ eher taten ihr die Frauen leid, die jeden Tag derartige Torturen ertragen mußten, vorausgesetzt daß es diese Frauen anderswo als in Illustrierten gab. Wenn Herr Rosner nicht schief angesehen werden wollte, mußte er seiner Frau ab und zu ein Kleid kaufen, einen Hut oder eine Tasche ~~Er tat es nicht gern, aber es war seine Pflicht u~~. Das war seine Pflicht. Wozu also eine Tasche zu Weihnachten schenken, wenn sie sich doch nur dachte: schade um das Geld u. ein Paar Schuhe wäre nötiger gewesen.
Und diese Tante Olga, die wiederum einen neuen Porzellanhund bekommen mußte und die arme Großmama der man ~~wieder etwas~~ schenken konnte was man wollte, weil sie sich doch über nichts mehr freuen konnte u. der alte Onkel Otto – der

nicht trank, nicht rauchte, kein Buch las und neue Kravatten verabscheute.

Frau Rosner seufzte tief und wunderte sich, wie müde sie war. ~~Sie~~ Ich hätte ~~sich~~ mich garnicht setzen dürfen, dachte sie, man darf einfach nicht aufhören mitten in der Arbeit. Es war ja schon viel geschehen. Die Wohnung war gründlich geputzt, tagelang war sie auf den Knien gelegen. ~~Vormittag war sie~~ Auch die Fenster strahlten in neuem Glanz. Ob sie sich vielleicht dabei erkältet hatte. Es stach immer so merkwürdig in der Seite. Aber woher denn, sie wurde nie krank u. konnte sich auch garnicht leisten krank zu werden. Denn der ganze Wohlstand war doch nur möglich, wenn sie u. Papa gesund waren u. arbeiten konnten.

Sie lebten ja eigentlich immer an der Grenze. Ewige Ratenzahlungen die Kinder ~~mußten es so gut haben wie~~ wurden immer anspruchsvoller. Sie waren ganz nette gute Kinder, aber sie kannten es eben nicht anders u. schamhaft verschwiegen ihnen die Eltern, wieviel Mühe es sie gekostet hatte dieses zerbrechliche Wohlstandsleben aufzubauen.

Frau Rosner stand auf und sah in den Kühlschrank. Alles war da, was da sein mußte. Die Gans, der gekochte Schinken, ~~ein~~ auf alle Fälle ein Schweinebraten und eine Menge Aufschnitt. ~~(feiner natürlich)~~ Sie hörte die Stimmen ihres Mannes u. der Kinder aus dem Wohnzimmer u. ein kalter Schauer lief über ihren Rücken. ~~Es war schon 10 h abends u.~~ das Fernsehen schien zu Ende zu sein. Die ~~Kekse~~ Bäckereien fielen ihr wieder ein, sie riß sie aus dem Rohr. Gerade noch gerettet. Irgend etwas stimmte nicht mit ihr.

Der Mann u. die Kinder kamen in die Küche, sagten Gute Nacht u. verschwanden in den Schlafzimmern, gewohnheitsmäßig ein wenig murrend über Mamas Aufbleiben. Frau Rosner ging ins Wohnzimmer, holte das Fieberthermometer aus der Lade u. steckte ~~ihn~~ es in die Achselhöhe. Ihr Kopf war schwer u. dumpf und das Stechen war ärger geworden. Wenn sie Fieber hatte, war sie krank, wenn nicht, würde sie die Schmerzen ignorieren. Sie hatte 38.5 Fieber ~~u. starrte erschreckt auf das Thermometer nieder~~ und nahm zur Kenntnis daß sie wirklich sehr krank war. Sofort begann ihr Hirn zu arbeiten. Es blieben ihr noch ein paar Stunden Zeit, aber dann mußte sie wohl nachgeben. Sie kramte den Christbaumschmuck aus ~~der Lade~~ dem Kasten, stellte ihn auf den Tisch u. legte den Christbaumständer und die Süßigkeiten dazu. Den Christbaum aufstellen u. schmücken konnten sie wohl allein besorgen.

Auch ihre Geschenkpäckchen, nett beschriftet legte sie darunter u. ein weißes Tischtuch. ~~Ilse mußte von der Schule~~ Morgen hatten ja die Kinder keine Schule ~~mehr~~ u. Ilse mußte sich eben behelfen. Nachmittags war ja Papa schon zu Hause. In der Küche gab es noch eine Menge Arbeit. Frau Rosner schob die ~~Gans~~ Hähnchen ins Rohr und den Braten, ~~sehi~~ legte den Aufschnitt auf eine Platte und schlug das Obers mit dem sie die Nußtorte füllen wollte. Sie bekam sehr wenig Luft dabei und wurde zornig. Umso schneller ~~ließ~~ war das Schlagobers fertig. Die Torte sah gefüllt u. verziert sehr prächtig ~~hübsch~~ aus u. ~~sie~~ da es in der Küche kühl war, würde sie sich wohl halten. ~~Im Eiskasten hätte sie zu leicht andere Gerüche angenommen.~~ Das Rühren der Mayonaise bereitete schon mehr Schwierigkeiten aber Frau Rosner wußte, sie durfte einfach nicht nachgeben, sonst war es vorbei mit der Arbeit. Sie schnitt Gemüse u. Gurken fein und öffnete die Dose mit den grünen Erbsen und rührte alles in die Mayonaise. ~~Auch die Mayonaise~~ Es sah sehr hübsch aus, gelb, grün u. rot, aber Frau R. schüttelte sich vor Ekel u. stellte die Schüssel in den Eisschrank. Die Hähnchen u. der Braten mußten begossen werden, sie fingen schon an braun zu werden. Der Geruch machte sie ganz krank.

Jetzt mußten noch die Mehlspeisen aufgeschnitten u. auf eine Platte gelegt werden, nicht zuviel – Ilse konnte ja nachfüllen. Frau Rosner sah noch einmal ihre Vorräte durch u. sah daß alles vorhanden war, nur Brot u. Milch mußte Ilse besorgen. Sie holte einen stumpfen Bleistift aus der Lade u. schrieb stehend (sitzen war zu gefährlich) auf ~~einem~~ der Rückseite einer alten Rechnung.

Liebe Ilse!

Du mußt nur noch Brot (1 Laib Bauernbrot 1 großer Sandwichwecken, vorsichtshalber 2 Päckchen Pumpernickel) und 1 Liter Milch besorgen. Sonst ist alles da. Ja, eventuell nimm noch 2 Kilo Äpfel für Fritz, daß er nicht dauernd die teuren

Birnen u. Mandarinen ißt. Sperr die Mehlspeisen vor ihm weg, verlier aber den Schlüssel nicht. Restliches W.G. liegt in der Lade. Wenn ich ernstlich krank werde, holt Tante Olga, aber erst nach den 2 Feiertagen, solange ist alles vorgekocht. Sperr die Wohnung immer gut ab. Am nächsten Dienstag ~~holt muß~~ holt die Wäscherei die Wäsche. Wenn du noch etwas dazu gibst, schreib es auf den Zettel dazu, der im Sack liegt. Bleib also *Dienstag vormittag* daheim. Nimm ~~das Essen~~ den Aufschnitt mindestens 1 Stunde früher heraus, sonst ist er zu kalt. Die Hühner u. den Braten brauchst Du nur heiß werden lassen.
~~Ja, laß Fritz nicht ohne Hut a.~~ Zieht Euch warm an, wenn ihr in die Kirche geht (Papa grauer Schal!) u. Du schau besonders auf Dich, denn Du mußt mich vertreten. Schadet Dir sowieso nicht.
Merke: 1. abends Gashaupthahn abdrehen
2. Dauerbrand nicht zu früh abdrehen, sonst geht er aus. (Keine glühende Kohle auf den Boden fallen lassen.)
3. Tür gut versperren.
Fritz *muß* Latein lernen in den Ferien. Kümmere dich um Papa, daß er nicht trübsinnig wird. Ich schreib das alles auf, daß Du nachschauen kannst. Vom Zuhören merkst Du Dir doch nichts u. wer weiß wie krank ich werde. Wasch das Geschirr immer gleich ab. Sonst freut Dich überhaupt nichts mehr (wichtig!). Morgen mittags machst Du eine Pilzsuppe (Päckchen liegt auf dem Tisch) u. gibst nachher warmen Schinken (im Wasserbad warmmachen). Sonst müßt Ihr mittags nichts haben. Alles andere ist für abends und morgen. Den Baum putzt ihr schon auf (Papa u. Fritz ginge es doch ab)
~~Deine~~
Mutter

Frau Rosner legte den Zettel auf den Tisch u. das Suppenpäckchen darauf. Der Braten mußte begossen werden u. sein Geruch wurde immer unerträglicher. Frau Rosner fror u. zitterte, gleich darauf stieg ihr eine Hitzewelle bis ins Gesicht. Sie stellte das ganze Geschirr ~~in die Abwasch~~ zusammen u. fing an es abzuwaschen. Als sie fertig war u. auch alles getrocknet hatte, blickte sie um sich u. sah, daß der Boden schon wieder schmutzig war – kein weihnachtlicher Anbl[ick]. Sie füllte einen Kübel mit heißem Wasser und fing an aufzuwaschen. ~~Beinahe~~ Es war als wäre sie doppelt vorhanden – eine kranke Frau mit Fieber, Stichen in der Seite und eine Frau die voll Schwung und Eifer den Boden wusch. Es war sehr komisch u. sie mußte lachen bis ihr Tränen über die Wangen liefen. Als alles endlich sauber war u. Hähnchen u. Braten auf dem Tisch standen, öffnete Frau Rosner das Fenster. Die kalte Nachtluft tat ihr wohl aber sie konnte nicht richtig u. tief atmen.

Auf Zehenspitzen schlich sie ins Bad, wusch sich ~~ganz und~~ gründlich, ~~und~~ packte ihre Toilettsachen, zwei Nachthemden ~~u.~~ Schlafrock u. Pantoffel in einen kleinen Koffer und schlüpfte ins Schlafzimmer. Ihr Mann hörte sie nicht, als sie ins Bett glitt.

Die Nacht war ein Alptraum von Heiß, Kalt, auf u. ab u. wirren Träumen – Frau Rosner sagte sich mit dem Restchen ~~Vernun~~ klaren ~~Verstandes~~ Bewußtsein das ihr geblieben war: es geht vorbei u. das tat es auch wirklich. Am Morgen hatte sie 40 Fieber u. ihr Mann holte den Arzt. Es war genauso wie sie ~~gefürchet~~ hatte, sie war sehr krank.

Wie gut, daß alles besorgt war u. sie sich in die Krankheit fallen lassen konnte.

Im weißen Spitalbett streckte sie sich seufzend aus.

Das Fieber spielte mit ihr heiß und Kalt u. auf u. ab, ~~aber~~ u. manchmal stach es noch in der Brust. Die Schwester hatte ihr eine Injektion gegeben u. sie fing an sehr müde zu werden. Es war, als habe sich die Müdigkeit der ganzen Welt ~~verschw~~ auf sie gesenkt. Da zu Weihnachten, alles was kann nach Hause gegangen war, lag sie allein in einem Vierbettzimmer. Die weißen Polster sahen so freundlich u. sauber aus, vor dem Balkonfenster ~~senkte~~ stand ein kahler Baum vor dem weißgrauen Himmel. Schon lange hatte Frau Rosner keinen Baum so ~~genau deutlich~~ bewußt sehen können. Er war sehr schön mit seinem zarten braunen Geäst. ~~Im tiefsten~~ Unter der ~~leichten~~ sanften Fieberwolke wußte Frau Rosner genau, daß sie nächstes Jahr ~~um~~ wieder putzen, kochen u. backen würde – aber dieses Wissen konnte nicht vordringen bis ~~die~~ schwebende Freude ~~nicht zerstören~~ die sie ganz erfüllte: allein zu sein mit weißen Kissen, einem Baum vor dem Fenster, ~~in Stille und in~~ in einer Wirklichkeit. ~~durch die man nur durch das rote Fieber vor schlüpfen konnte~~ die einmal ihre Wirklichkeit gewesen war u. die ~~man ihr~~ sie ~~tot geglaubt~~ längst vergessen hatte. Aber es gab sie noch immer u. sie winkte mit braunen dünnen Zweigen vor dem weißen Himmel. ~~Es würde ja [alles so] so bald wieder vorüber sein u. die andere Wirklichkeit sie wieder [in] erfassen – aber es machte Frau Rosner so unsagbar fröhlich, daß es sie noch gab. auf~~ In den Straßen der Stadt eilten die ~~Mens~~ gehetzten Frauen von Geschäft zu Geschäft, beladen mit Taschen, Netzen u. Päckchen, aber ~~die glückliche~~ Frau Rosner lag im Bett, ~~und war voll~~ entspannt und glückselig. Ich darf es nur nicht wieder vergessen, dachte sie – nicht vergessen. ~~u. sie sah~~ Die Zweige vor dem Fenster stiegen ~~vor u. die Müdigkeit~~ auf u. nieder und ~~Frau~~ ein sanfter Schwindel zwang ~~Frau Rosner~~ Frau Rosner die Augen zu schließen.

TEXTE

Notiz

[1] Diese Notiz ohne Datum befindet sich auf der letzten Seite in einer Ringmappe, in die Marlen Haushofer verschiedene Eintragungen gemacht hat, die jedoch unter Verschluß steht. In der gleichen Ringmappe ist auch der Text »Mein Geliebter ist aus Stein« vom 6. September 1969 aufgezeichnet.

Mein Geliebter

[1] Diesen Text (ohne Titel) schrieb Marlen Haushofer am 6. September 1969. Er befindet sich in einer Ringmappe im Nachlaß, die unter Verschluß steht. Im handgeschriebenen Text finden sich zahlreiche Streichungen, die in der folgenden Transkription übernommen wurden.

6. September 1969
Mein Geliebter ist aus Stein und besitzt nur einen Kopf.

Er steht in Ostia Antika in einem Museum. Er weiß nicht, daß ich ihn liebe, denn er ist ungefähr tausend Jahre tot. Was sind schon tausend Jahre. Er ist lebendiger als ich. Sein Mund und seine Augen haben mich geweckt. Ich ~~würde~~ könnte ihn küssen u. er wüßte es nicht. Die angenehmste Form der Liebe wäre uns beschieden. Sein steinerner Mund ist spöttisch u. ein bißchen grausam, vielleicht auch nur hoffnungslos und zynisch, denn damals fingen sie an den Tod zu begreifen. ~~Das Leben hatten sie längst~~ Früher kannten sie nur ~~das Leben wie die Tiere~~ den Genuß u. das ~~Anf~~ Ende rasch oder qualvoll aber unverständlich und deshalb nicht bitter.
Alles war in Ordnung. Das Leben war bitter u. schön u. gleich darauf zu Ende. So war es. Und plötzlich geschah etwas in ihren Hirnen u. sie erkannten, daß sie die Betrogenen waren. Sie nannten ~~es Seele~~, das Ding Seele, das ihnen das eingebrockt hatte. ~~Sie fingen~~ Einzelne fingen an ~~ihre~~ Frauen zu lieben oder überhaupt zu lieben, weil der Gedanke sie zu verlieren plötzlich weh tat. Es gab nicht mehr vertauschbare Körper sondern unvertauschbare Augen, Gerüche u. Münder, Erinnerungen. Dies war die zweite große Mutation und der Mensch fing an wirklich zu leiden, denn die Seele war erfunden.
Blandula vagula, das Schmeichelseelchen. Ein Schmeichelseelchen zu verlieren ist bitterer als als Lunge, Leber, Hirn u. Herz in einem Winkel zu verwesen. Nicht alle wußten es zunächst, nur einige. Ein greller Blitz durchzuckte ihr Gehirn u. ihre Augen sahen die Dinge, die sie verlassen mußten u. ~~sie glaubten nicht mehr, daß~~ wußten, daß es keine Rückkehr u. kein Wiedersehen gibt. Darüber wurden sie verrückt. Sie taten das Böse nicht mehr unschuldig wie Tiere sondern bewußt u. verzweifelt und der heutige Mensch wurde geboren.
Mein Geliebter aus Stein steht in Ostia Antika und war einer von ihnen. Er war sehr stolz, sehr böse u. sehr verzweifelt. Er würde mich, könnten seine Steinaugen mich sehen, aber Steinaugen sehen nicht, verachten, denn ich bin nicht stolz, nicht böse u. nicht verzweifelt. Nicht mehr. Ich habe mich ergeben u. würde meine Seele gerne zurückgeben, ich weiß nur nicht wem, kein Mensch mehr sein, sondern die Smaragdeidechse die ~~über Ostias Steinen fli~~ sich auf Ostias Mosaiken sonnt. Ein

Körper der die Sonne aufnimmt, ein winziges Hirn, das nicht denken kann u. für das es nur Gegenwart gibt u. das nicht weiß warum ein Mensch es zertritt. ~~Es~~ Ein Mensch der eine Seele besitzt u. Eidechsen zertreten muß, wenn er sich nicht den Hals abschneiden will. Mein Geliebter in Ostia Antika. Eines Tages werde ich solange vor dir stehen, bis deine leeren Augenhöhlen mich sehen können ~~und unter deinem Blick Vielleicht~~ Deine Mundwinkel, die schönsten u. bittersten die es gibt, werden zucken u. lachen über das was aus Euch geworden ist. Aber dann vergiß nicht, daß ihr den Anfang gemacht habt. Oder vergiß es, denn ihr habt ihn nicht gemacht. ~~Er kommt~~ Er ist über Euch gekommen und ihr wart stolz böse und verzweifelt darüber über das was man, wer ist man, Euch u. uns angetan hat. Ich verrate dir ein Geheimnis, das ich in fünfzig Jahren erfahren habe. Die Seele liegt im Sterben. Unsere Nachkommen werden ~~Smaragd~~ wieder Eidechsen sein, aber Eidechsen mit Hirn u. sie werden für dich u. mich furchtbar sein. Ich werde sie nicht erleben. Dich werden sie zerschlagen u. zu Kalk verbrennen u. wo sind dann unsere Seelen. Sie sitzen unsichtbar in der antiken Bar und lachen ~~u. endlich sind wir ein Paar~~ Und die Luft wird rauschen vom Gewisper u. Gelächter der ~~letzten Seelen~~ Gespensterschar die wir sein werden, u. sie speisen Rettich u. Zwiebel u. trinken Rotwein ~~denn auch Seelen~~ u. wir werden glücklich u. traurig sein wie es sich für Seelen gehört!

Mach dir keine Sorgen

[1] Diese Eintragung erfolgte am 26. Februar 1970 und ist einer der letzten Texte von Marlen Haushofer. Knapp einen Monat später, am 21. März 1970, starb sie in einer Wiener Privatklinik.

Leben und Werk Marlen Haushofers

Marlen Haushofer, 1940

1920:	Maria Helene Frauendorfer wird am 11. April im Forsthaus des Weilers Effertsbach, nahe von Frauenstein/Oberösterreich, geboren.
1930-1938:	Besuch der Ursulinen-Schule in Linz.
1934/35:	Der Schulbesuch muß wegen Tuberkulose und Lungenentzündung unterbrochen werden.
1939:	Matura an der Oberschule in Linz im März.
1939:	Unmittelbar nach der Matura wurde Marlen Haushofer zum Reichsarbeitsdienst der weiblichen Jugend, RAD, verpflichtet. Sie leistete ihren Dienst in Christburg bei Elbing in Ostpreußen an der deutsch-polnischen Grenze. Ihr Einsatz dauerte bis September 1939.
1939/1940:	Marlen Haushofer schreibt sich an der Philosophischen Fakultät der Universität Wien ein.
1941:	Am 30. Juli kommt der erste Sohn Christian Georg Heinrich in Pähl (Bayern) zur Welt. Am 12. November heiraten Manfred Haushofer und Marlen Frauendorfer in der Kirche Frauenstein.
1941–1947:	Verschiedene Aufenthalte in Graz, Wien, Frauenstein. Marlen Haushofer studiert sowohl an der Universität von Graz wie von Wien weiter, schließt ihr Studium jedoch nicht ab.
1943:	Am 27. März kommt der zweite Sohn Manfred zur Welt.
1947:	Umzug nach Steyr in Oberösterreich.
1950:	Scheidung am 24. Juni.
1952:	*Das fünfte Jahr.* Jungbrunnen, Wien (Junge österr. Autoren, hrsg. Hans Weigel, 2).

1953: Förderungspreis des österreichischen Staatspreises (für die Erzählung *Das fünfte Jahr*).

1955: *Eine Handvoll Leben*. Roman. Zsolnay, Wien; Hamburg.

1956: *Die Vergißmeinnichtquelle*. Erzählungen. Bergland, Wien (junge Dichtung aus Österreich, hrsg. Rudolf Felmayer, 20).
Preis des Theodor-Körner-Stiftungsfonds (für den Band *Die Vergißmeinnichtquelle*).

1957: *Die Tapetentür*. Roman. Zsolnay, Wien; Hamburg.

1958: *Wir töten Stella*. Novelle. Bergland, Wien.
Zweite Heirat von Marlen Haushofer und Manfred Haushofer im Februar.

1963: *Die Wand*. Roman. Mohn, Gütersloh.
Arthur-Schnitzler-Preis (für den Roman *Die Wand*).

1964: *Bartls Abenteuer*. Ein Katzenbuch. Forum, Wien.

1965: *Brav sein ist schwer*. [Jugendbuch]. Jugend und Volk, Wien.

1966: *Himmel, der nirgendwo endet*. Roman, Mohn, Gütersloh.

1966: *Lebenslänglich*. Erzählungen. Eingeleitet und ausgewählt von Oskar Jan Tauschinski. Stiasny, Graz; Wien; Köln (darin enthalten: alle Erzählungen aus *Das fünfte Jahr*, 1952, sowie verschiedene Erzählungen aus *Die Vergißmeinnichtquelle*, 1956).

1967: Im Mai reist Marlen Haushofer mit drei Freundinnen nach Rom.

1968: Marlen Haushofer fährt im Mai erneut nach Rom, dieses Mal mit ihrem Ehemann.
Müssen Tiere draußen bleiben? [Jugendbuch.] Jugend und Volk, Wien.

Wohin mit dem Dackel? [Jugendbuch]. Jugend und Volk, Wien.
Schreckliche Treue. Erzählungen. Claassen, Düsseldorf.
Österreichischer Staatspreis für Literatur (für den Band *Schreckliche Treue*).
Im Oktober besucht Marlen Haushofer mit ihrer Freundin Angela Mohr Florenz.

1969: *Die Mansarde*. Roman. Claassen, Düsseldorf.
Schlimm sein ist auch kein Vergnügen. [Jugendbuch.] Jugend und Volk, Wien.

1970: Marlen Haushofer stirbt am 21. März in Wien. Sie ist in Steyr begraben.

1985: *Begegnung mit dem Fremden*. Gesammelte Erzählungen. Band 1. Claassen Verlag, Düsseldorf (darin enthalten: alle Erzählungen aus *Die Vergißmeinnichtquelle*, 1956, und bisher unveröffentlichte frühe Erzählungen).

1986: *Schreckliche Treue*. Gesammelte Erzählungen. Band 2. Claassen Verlag, Düsseldorf (darin enthalten: Die Erzählungen der Erstausgabe sowie *Das fünfte Jahr*, 1952, und *Wir töten Stella*, 1958).

Dank

Ohne die Gespräche mit Angehörigen von Marlen Haushofer, zahlreichen Zeitzeuginnen und Zeitzeugen sowie mit der Nachlaßverwalterin Sybille Haushofer, Steyr, wäre die Zusammenstellung dieses Bandes nicht möglich gewesen. Ich danke insbesondere den beiden Söhnen Christian Haushofer, Gallneukirchen, und Manfred Haushofer, Klosterneuburg, dem Bruder Rudolf Frauendorfer, Wien, und Sybille Haushofer, Steyr, die mir wertvolle Informationen und Materialien zur Verfügung gestellt haben, sowie (in alphabetischer Reihenfolge): Marianne Adler, Steyr; Nelly Bachbauer, Weyer; Josefa Bergmann, Weyer; Erika Danneberg, Wien; Jeannie Ebner, Wien; Ilse Feigl, Steyr; Walter Feigl, Wien; Friederike Feix, Steyr; Hans Frauendorfer, Wien; Hilde Glassauer, Wien; Veronika Handlgruber, Steyr; Herta Holzinger, Kronstorf; Familie Kirchweger, Frauenstein; Angela Mohr, Linz; Gretl Morawek, Bad Hall; Elfriede Ott, Wien; Hans W. Polak, Wien; Christine Schmidjell, Wien; Hermann Schreiber, München; Gerti Semler, Wien.

Alle aufgenommenen Texte und Fotos befinden sich im Nachlaß Marlen Haushofer und wurden freundlicherweise von der Nachlaßverwalterin und Rechtsnachfolgerin Sybille Haushofer, Steyr, für diesen Band zur Verfügung gestellt, außer dem Tagebuch, das uns Manfred Haushofer jun. zugänglich gemacht hat. Auch ihm gilt unser Dank. Sybille Haushofer hat diesen Band autorisiert.

Die Herausgeberin dankt Stadt und Kanton Bern für die großzügige Unterstützung dieser Arbeit.

2. Auflage 2000

Der Claassen Verlag ist ein Unternehmen der Econ Ullstein List Verlag GmbH & Co. KG

ISBN 3-546-00186-9

Satz: Franzis print & media, München
Druck und Bindung: Pustet, Regensburg